強くてうまい!
ローカル飲食チェーン

Yuki Tatsui
辰井裕紀

PHP
Business Shinsho

PHPビジネス新書

はじめに　ローカルチェーンはこれほどまでにおもしろい

忘れられない地元チェーン

筆者が育った千葉県北西部の愛すべきローカル飲食チェーン（以下、ローカルチェーン）。それは**「（ドラゴン）珍來《ちんらい》」**だった。

関東の一大中華料理ローカルチェーン・珍來のなかで、千葉県を中心に分布する一派であり、壁に描かれた龍の絵から「ドラゴン珍來」との異名がある。噛みごたえのある手打ち風ラーメンに、とにかくでかい餃子が魅力だ。柏《かしわ》界隈で青春を過ごした学生は、「珍來」が外食のスタンダードだった。

看板の文字がどでかくキャッチーな店構えで、リーズナブル。「もう珍來でいいや」とヤケクソで来店した人すら拒まない、チェーン店らしい包容力がある。一番通ったのが柏西口店で、地元の柏レイソルにちなんだメニュー・サービスもあった。

よく親が寿司の出前を取ってくれたのが、千葉県北西部を中心とした和食チェーン「はな膳」。安いのにいいネタと評判で、出前が来たときは家がちょっとスペシャルな空間になった。なお実店舗は地域の貴重な宴会スペースとしても機能する。

それらが他の地域にはないことがわかって、少し残念なような、「**思い出が僕らだけの宝物になった**」ような、誇らしい気持ちにもなった。

日本は地域ごとに違うからおもしろい。

それを何よりも体感できるのが、**ローカルチェーン**である。

地元民しか見たこともないようなお店が街に点在し、安くておいしいメニューが目白押し。そこには地域の食習慣も垣間見える。

地元民には愛すべきおなじみの味だし、旅人にとってはときに豪勢な旅館の料理よりも、無性に食べたくなる。

「もしこの街に生まれていたら、ここで何百回もカレーを食べたかもしれない」などと想像が膨らむものだ。

そういう筆者は「番組リサーチャー」をしている。かつて7年ほど担当していた「秘密のケンミンSHOW」(現「秘密のケンミンSHOW極」、日本テレビ系)など、テレビ番組で取り扱うネタ集めが主な作業だ。

最近はライター業をメインに活動していたところ、本書の編集を担当するPHP研究所の大隅元《げん》氏から企画の話をもらう。こちらとしても当時から興味があった「**ローカルチェーンが繁盛するとっておきのルール**」を本にする機会がやってきた。

全国チェーンと互角以上に渡り合う術がある

マクドナルドや吉野家のように全国でお店を出す全国チェーンに対して、限られた地域にだけ出店するのがローカルチェーンである。

各地で繰り広げられる全国チェーンとローカルチェーンのバトルは、多くの場合で全国チェーンが勝利してきた。たとえばコンビニチェーン。全国で無数にあったローカルコンビニチェーンは相次いで大手に吸収合併され、目立つ生き残りは北海道のセイコーマートくらいになった。

本書で扱う飲食チェーンも例外ではない。

しかし日本を見渡せば、**ローカルチェーンとしての特性を活かして、全国チェーン顔負けの繁盛っぷりを見せるお店がある。**

全国一律のサービスが基本の全国チェーンに対し、ローカルチェーンは地元で生まれて育つから、必然的に店がその土地向けにローカライズされる。

さらには、ローカルで圧倒的なシェアを獲得することで、スケールメリットでも全国チェーン顔負けのパワーを備えたお店もある。

そんなローカルチェーンならではの生き残り戦略に注目したのがこの本である。

全国各地の店舗に足を運び、キーマンに話を聞いた。ちなみに、取材にあたり宣伝料は店側から1円ももらっていない。ゆえに筆者は金欠だ。

この本を書くにあたって、次の2点を踏まえて全国から取材店を選んだ。

- **「ローカルで繁盛している」**
- **「すごいビジネスの工夫がある」**

2つの条件を満たすローカルチェーンはある程度限定されるし、アポイントを取るなかで経営が思わしくなさそうな店は取材を見送った。

たとえば、こんなことを聞きまくった。

- **地元発だからできるローカライズ戦略**
- **看板メニューを磨くワザ**
- **店の稼ぎ頭（何で稼いでいるのか）**

・全国チェーンへの対抗手段
・ローカルチェーンとしての強み
・価格の話
・クレームの話
・全国進出しない理由

「うまい」のウラには「うまい経営」がある。ひと味違う、ローカル流アイデアの数々を吸収してほしい。

不遇の評価を超越するチェーン店の魅力

そもそも「チェーン店」とは何か。

国際チェーンストア協会の定義によれば、「単一資本で11以上の店舗を直接経営・管理する小売業または飲食店の形態」とある。だが実際には、それに当てはまらない店もチェーン店として扱われているから、この本でも通例に沿う。

チェーン店というと、どうしても没個性のイメージがある。しかしチェーン自体は個性の塊《かたまり》だ。独自のサービスや工夫が盛りだくさんだし、チェーンによっては店舗限定のメニューもある。

たしかに効率を高めるためにマニュアルを設けるチェーンは多いが、マニュアルがあるからこそサービスの質が保証されるし、マニュアルを超えた対応を許可するチェーン店も多く存在する。

解せないのは、食べログなどのレビューサイトで、おそらく**「チェーン店だから」という理由で３・１にも満たない、軒並み低めの点数が付けられる**ことだ。

１年に５００食は外食する筆者だけでなく、読者も薄々気づいているだろうが、個人商店よりうまいチェーン店はいくらでも存在する。「チェーン店だから」と５を付けるのを躊躇《ちゅうちょ》する人は、いますぐ心のブレーキを外そう。

チェーン店は度重なるメニューの開発研究を行ない、数値化などで容易に再現可能な料理を作っている。チェーン店は、おいしいものを量産するのに最適な営業形態なのだ。

そこでこの本では、各章の冒頭に**代表的なメニュー**を食レポするセクションを設けた。そのうまさやあふれ出る魅力をはじめ、感じるところが伝わればうれしい。

チェーン店は、店に入ればいい意味で放っておいてくれるのも魅力だ。ひとりでふらっと訪れ、あまり干渉されず自分の世界に入れる。メニューを見ながら脳内で作戦会議をする時間は至福だし、安定したサービスとリーズナブルな価格は盤石である。

そのなかでも現地人だけが楽しめるローカルチェーンは、地域の人々の秘密基地であり、安全地帯なのだ。

地方こそチェーン店が頼みの綱

地方には、日本の現実がダイレクトに現れる。

仕事で地方に電話をかける機会も多かったのだが、**各地の独特でおもしろい地域性は少しずつ薄らいでいた。**「ケンミンＳＨＯＷ」のオンエアに向けた見込みのあるネタは、現地へ聞き込みを行ない、いま実際に食べられているもの、行なわれていることにはＧＯサインが出る。しかし、習慣が薄れていてボツになるネタも多かった。お店ネタの場合は経営不振で店舗が急減していることもあり、泣く泣くお蔵入りに。

ディレクターたちは地方の衰退を語っていた。とくに北海道釧路市などは「街録《がいろく》で話を聞くにも、人が全然歩いていない」。

しかし、最近は新型コロナウイルス感染拡大を逆手にとり、かつてないほど地方に注目が集まっている。

まだ東京一極集中の流れが止まったと言い切れないのはデータでも明らかだが、オンライン会議の浸透によるテレワークの活況など、移住や二拠点生活に踏み切りやすい流れができた。

そんななかでコロナが直撃しながらも堅調に営業を続け、**店によっては日の出の勢いで売り上げや店舗数を伸ばしているローカルチェーンたち。**いまこそ耳を傾けるべき貴重な存在ではないか。

じつは、都会より地方のほうがチェーン店の貢献度が高い。地方では車社会が進み、歩行者を相手にする商店街や個人商店が廃れ気味だ。**頼りはロードサイドやショッピングセンターなどのチェーン店**となる。

さらに、地元を出てもローカルチェーンは同じ土地で過ごした人の共通体験となり、その一帯に住んでいた人たちが語り合える。

その共感の声は出身者が織りなすグルーヴとなり、ふるさとへの愛着を高めるのだ。

しかもローカルチェーンは地元資本なので、利用すれば地元にお金が落ちやすく、地域の就職口としても機能する。まさに、ローカルチェーンは地方を支える鋼鉄の柱のような存在だ。

「東京ばかり扱うテレビ」の仕方ない現実

テレビの話ついでにもう一つ。

いくら凋落が叫ばれようとも、いまだ最も多くの人を動かす力があるのはテレビだ。「神回」があれば、SNSのトレンドを染め上げるパワーすら秘めている。

しかし、**なぜかテレビは東京のことばかり扱い、ローカルのことはあまり取り上げない。**テレビの現場で働いてきた筆者に言わせると、現状の体制では仕方ない面もある。

そもそも全国ネットの番組は大半を在京キー局が作っているし、大阪や名古屋の準キー局制作の番組も、多くは実質東京で制作される。地方局もほとんどの時間帯でそれらを流す。

さらなる元凶は「予算不足」だ。テレビ番組は経費削減のあおりを受け、**お金のかかる「地方ロケ」をなるべくしない**ようになっている。

予算のない番組だと地方ロケに行くことはなかなか難しく、行くとなればもはや最後の手段だ。ディレクターがカメラ片手にひとりで乗り込むのが関の山であることも多い。

加えて現場は会社へ泊まり込まねばならないほど**激務**だ。そのため、時間もかかる地方ロケはよけいに敬遠される。タレントのスケジュールもそう長く拘束するのは難しいから、遠出しても東京近郊の房総半島とか、群馬あたりの、ロケ車でサッと行って帰ってこられる場所が多くなる。

結果的に身の回りにある東京とその周辺を取り上げることが多くなるので、地方のものはどうしても全国に知られないまま。「秘密のケンミンＳＨＯＷ」のような、遠隔地のロケが主体の番組は貴重なのだ。

いざ、7つの精鋭ローカルチェーンへ

したがって今回選んだローカルチェーンも、**地元の人気とは裏腹に、全国的にはまだまだ無名**の店もある。たとえばヒライは約140店舗を構えて九州では存在感を示しながら、ほかの地域ではそれほど知られていない。

そして露出度の多い関東の店は得をして、ほかは損をしがちだ。ときに地方在住の知人に「東京の有名なあの店のメニュー、おいしいの?」とすごいもののように聞かれることも多い。だが、それほどでもないメニューもあるので、正直にそう伝える。

熾烈《しれつ》な競争ゆえに安くておいしいものもたくさんあるが、「東京のもの＝いいもの」とは限らない。だからこそ、本書でローカルチェーンをあと少しメジャーにしたい気持ちもある。

今回の取材店は、なるべく地域やジャンルにバリエーションをもたせた。一つ残らずおいしいものを出すお店ばかりで、それぞれの魅力と工夫を見つけられるはずだ。

福田パン（岩手）は実演で作る組み合わせ自由のコッペパンが楽しい店だ。大きくてクリームもパンパンに入り、バターのヤミツキ感が印象的な一本。パッケージ商品として多くの販売店にも並ぶこのパンには創業者福田留吉の恩師・宮澤賢治の教えによる「救食」の精神が詰め込まれていた。いまの福田パンを変えた「ヤマザキダブルソフト」の話もぜひ注目してほしい。

551蓬莱（大阪）はキング・オブ・ローカルチェーンの一つ。地元の関西人にも、関西への出張者にも絶大な人気を誇り、キラーコンテンツ・豚まんは190円の安さを貫く。その豚まんの供給体制を守る意味もあり、13年間主要メニューの新発売がない。生地の品質を保持するために工場から約150分以内で輸送できる範囲にしか店を作らず、あえて60店前後に出店を抑える理由も、どうか知ってもらいたい。

ばんどう太郎（茨城）は、関東人へ向けて丹念にアレンジされた「みそ煮込みうどん」をとにかく味わってほしい店だ。パートを「女将」にする、なるべく店長は地元民にするなど、独自の理論に裏打ちされた接客と味作りを聞く。「電球球切れ確認責任者」など一人数役を割り当てて責任の所在をスムーズにし、「床ピカピカナンバーワン賞」などの個人賞で店員をほめ倒す、人心掌握術に関しても伺った。

おにぎりの桃太郎（三重）は、大小の桃太郎人形がトレードマークのおにぎり店である。いまでこそおにぎり専門店も増えてきたが、46年前からおにぎりメインで貫き通す。コンビニ登場後もおにぎりに磨きをかけつつ、四日市を代表する局地的ローカルチェーンだ。さらに「当日雨キャンセルサービス」なる、それで商売が成り立つのかと心配になる予約システムのことまで聞かせてもらった。

ぎょうざの満洲（埼玉）は関西にも進出し始めたので、正直ラインナップに名を連ねるにはギリギリのライン。しかしビジネス面での取り組みがあまりにもおもしろいのと、いまだ地元・埼玉の出店が多く、地元を大事にする面を考慮して入れさせてもらった。3割の原材料費で、4割をレジ横冷蔵庫で売り上げ、玄米5割のチャーハンをヒットさせる、「数字」がキーワードの意欲的チェーン。筆者もかつて通っていた店で、皮で味わう餃子は一食の価値ありだ。

カレーショップインデアン（北海道）は、「十勝でとてつもなく愛されているカレー店がある」と、ケンミンSHOW時代から注目していた。夕方になると、鍋を持ってカレー店に押し寄せる人が続々と現れる。そんな局地的習慣を浸透させてしまい、狭い地域で年間280万食を売り上げるお化けチェーン。最安価格帯が462円。追加料金ナシで変幻自在のアレンジが可能な、「お金がなくても絶対さみしくさせない」と豪語する頼もしいカレー店だ。

おべんとうのヒライ（熊本）は、とくに主力のロードサイド店がすごい。「外食・中食・コンビニ」の3業種をコンビニサイズの一つの店にまとめた営業形態で、地域の食をオールインワンでカバーする。熊本名物からし蓮根のごとく、「ちくわの中にポテトサラダを入れて揚げた」惣菜・ちくわサラダが人気を博す同店。約140店舗ものローカルメガチェーンとして熊本〜福岡を席巻する、そのパワーを探った。

さらに総括として、7店の取材から見えてきた**ローカル飲食チェーン「12の強さ」**を収録した。

今回は一部のオンライン取材を除けば、コロナ感染に注意しながらのオール地方取材を敢行した。

ほぼ社長・会長のトップに話を聞けたうえで、バリバリの社員たちにも話を聞けて非常に満足だ。その考え方やノウハウは、飲食店の関係者はもちろん、あらゆる人にとって役に立つヒントになるはず。

さっそくページをめくって、日本全国を飛び回っている気分に浸ってくれれば何よりうれしい。

目次

強くてうまい！ローカル飲食チェーン

Saitama

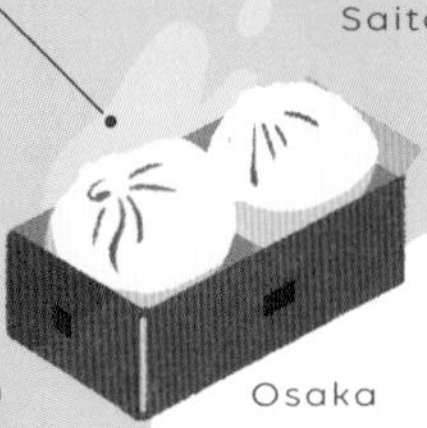
Osaka

Mie

Kumamoto

目次

総括　ローカル飲食チェーン「12の強さ」

写真……有限会社福田パン、株式会社蓬莱、株式会社坂東太郎、株式会社おにぎりの桃太郎、株式会社ぎょうざの満洲、株式会社藤森商会、株式会社ヒライ、著者撮影
イラスト……Yo Hosoyamada

※表記のあるものを除き、本書の情報は2021年6月時点のものとします。
※表示価格は10％税込価格です。

1

福田パン
全国に出ない価値。「救食」のやみつきバターパン

DATA

社名：有限会社福田パン
本社所在地：岩手県盛岡市長田町12-11
創業年：1948年
社長名：福田潔
店舗数：3店舗（パンの取扱店多数）
社員数、従業員数：48名
（2021年4月時点）

日本のパン研究第一人者が故郷に建てた店

1948年に岩手県盛岡市で誕生した「福田パン」。長らく地元民に愛され、近年では「コッペパンブーム」の火付け役となり、東北ローカルフードの代表的な存在になった。

その場でパンを作ってくれる、対面式の直営店が3店。そのほか、盛岡市周辺のスーパーや個人商店、さらには高校・大学の購買などの多くでお目にかかれる、きわめてポピュラーな存在だ。

岩手出身のタレント・福田萌《もえ》さんも「**盛岡市民なら、それぞれがオリジナルのトッピングを心に秘めている**」と語り、福田パンを愛す。

平日は1日1万個、休日は1万5000個ほどが製造される福田パン。その歴史のページを開いたのは、当時41歳の初代・福田留吉氏である。

昭和20年代後半、仮店舗で営業していたころの福田パン

彼の半生は波瀾万丈だ。

農学校時代に農学者で詩人の宮澤賢治に教えを受けたのち、賢治の推薦により、盛岡高等農林学校（現岩手大学農学部）に勤務する。そのあとに日本初の生イーストを生み、東洋一の大工場をもつ大阪の製パン会社・マルキ号にて日本最先端を行く発酵研究を重ねた。

戦時中には国家総動員法により、留吉は航空兵の携帯食糧を研究する。戦後に岩手へ帰り、進駐軍向けの製パン工場で監督を務めた。

福田パンは、そんな日本のパン作りの礎を築いたひとりが開いた店だったのだ。

朝7時から地元客が列をなす

留吉の夢を継ぎ、岩手県内で大輪の花を咲かせた福田パン。そのホームタウン、盛岡へ夜行バスでたどり着く。

国産イースト開発の草分け「マルキイースト研究所」にいた福田留吉

標高2038m、岩手山に見守られる盛岡

薄闇の雄大な岩手山《いわてさん》に見守られながら、長田町本店は朝7時にオープンする。取材前のおしのびで7時10分ごろに足を運ぶと、すでにお客さんがひっきりなしに訪れ、慣れた感じで注文していた。

店員さんはまさしく「朝メシ前」といった風に軽々とパンにクリームを塗って袋に入れ、早々と提供してくれる。筆者は1番人気の「**あんバター（159円）**」を注文。盛岡駅の駅前広場まで戻り、岩手県産の牛乳とともに食べた。

パンを口に含んだ瞬間、塩気のような味わいを大いに感じる。

サンド用のパンは、具材を際立たせる「黒子」のように、食感の演出に徹するものが多いなかで、意外。しかしこれがまた滋味に富む風味だ。

そして「こんなに入っていていいの?」と心配するくらいに、クリームが端から端までみっちり入っている。これほどクリームの入ったパンを初めて食べた。

そのクリームはとにかく豊潤で、「甘い」というよりも「気持ちいい」味。コッテリしたバターに加えて、もっちりと食べごたえがあるパンを満足感とともに完食した。

盛岡駅に近い福田パン長田町本店

盛岡駅にも福田パンの販売店があったので、思わず「粒入りピーナッツ（210円、直営店では169円）」も買った。

こちらはさらにバターの味わいが濃厚でたまらない。一気に2個食べ終えてしまったあとも、口にパワフルな余韻が残った。この**バターのコク、大いに中毒性がある。**

これはいよいよ取材で聞くしかない。昼にもう一度本店へお邪魔し、今度は社長の福田潔《きよし》氏とともに、お店をじっくり見せてもらった。

「対面販売はクリームが増える」伝説はホント

コッペパンメニューは、「あんバター」「ピーナッツバター」などのクリームペーストの甘い系（菓子パン）が三十数種類、「タマゴ（248円）」「やきそば（280円）」などの調理系（惣菜パン）が二十数種類。そこにプラスできる「トッピング」

不動の1番人気「あんバター」の断面

を含めると、60種類以上にもなる。

さらに甘い系では2種類のクリームの塗り方を「ミックス」と「半々」どちらかに指定できる。調理系では「辛子バター」の有無も選べて、オーダーの組み合わせは、じつに2000種類以上にもなる。

注文にはちょっとコツがいる。

甘い系は、組み合わせたクリームの高いほうの値段を支払う。たとえば、「クッキーバニラ（169円）」と「抹茶（159円）」を組み合わせたら、高いほうの169円となる。

調理系は、組み合わせた商品の価格をそのままプラスする。「ハムサンド（225円）」と「タマゴ（95円）」なら、足し算して320円になるわけだ。なお、甘い系と調理系を組み合わせることはできない。「コーヒーとんかつ」とかはダメなのであきらめよう。

スーパーなどの取扱店に並ぶパッケージ商品は23種類ある。日々新商品や期間限定商品が出てくることを考えると、理論上は一生楽しめるパンと言っていいだろう。

福田パン3代目社長の福田潔氏

学校の購買で礎を築いた恩から、学校風の店構えに

「福田パン」（岩手）

パンにクリームを塗ってもらう。ラクラクとこなしているように見えて、気がつけばまんべんなくパンにクリームが塗られている。

この鮮やかなクリーム塗り、どう指導しているか。

「『丁寧にやりなさい』ですね。でも、『お客さんを待たせないように』と意識すると自然とリズムが早くなります。逆にテレビ撮影で「ゆっくりお願いします」なんて言われるほうがやりにくい（笑）」

福田パンの伝説とされるのが、「スーパーで売るものと対面販売では中身の量が変わる」話だ。実際に両方食べたら、対面販売のパンのほうがクリームの量が明らかに多く、うれしかった。

「本当はスーパーで売っているものが規定量ですけれども、どうしてもお客さんを目の前にするとクリームが増えるんです。だから儲かんないんです（笑）。数売ってなんぼですね」

ちなみに**+10円で、このたっぷりのクリームをさらに1・5倍近くへ増量できる。**「本当は10円じゃ原価オーバーなのでメニューに載せたくないんです

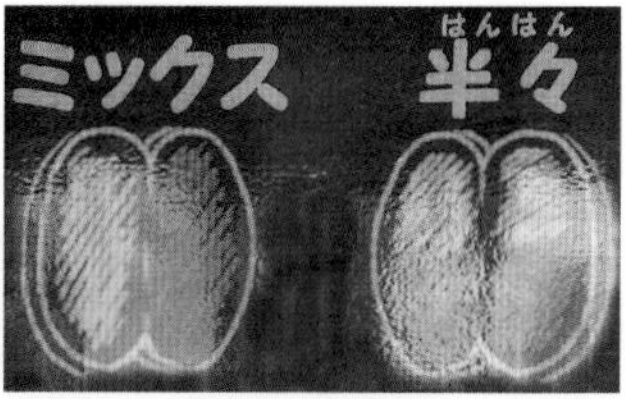

「ミックス」は互いのクリームを片側全面に塗り込み、「半々」は両側半々に塗る

（笑）」と、潔氏は苦笑する。

あんバターは、バターじゃない？

福田パンの組み合わせ人気ランキングは、1番人気があんバター。2番人気がピーナツバター、3番人気がジャムバターと、バタークリーム勢が上位を独占する。

そこで潔氏は、予想外の真実を明かしてくれた。

「バターといっても100％のバターではなくて、**バター入りマーガリン**です。バター100％だと硬くて口どけが悪いですし、味がもわっとしないようにマーガリンを合わせます。それでも商品名としては『あんバター』でぎりぎり大丈夫なんです」

かなり前にはバターを100％使用していた。だが、マーガリンを入れることで、クリームが伸ばしやすくなり作業効率もよくなるし、カロリーや価格も

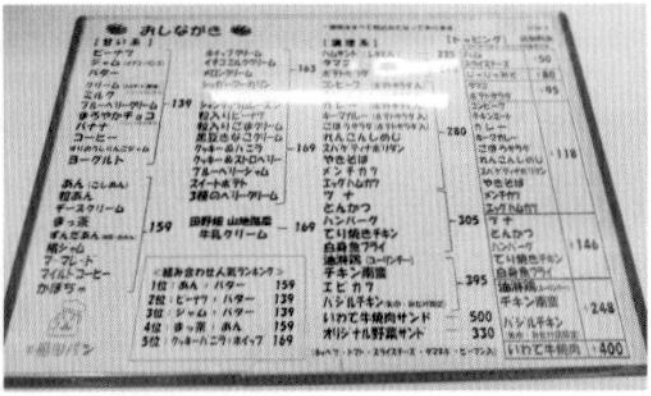

追加できるトッピングは、50円のハムから400円のいわて牛焼肉まである

クッキーバニラとオリジナル野菜サンド＋ハンバーグ（476円）。後者はハンバーガーのような妙味がある

抑えられる。

じつは大手各社も、「あんバター〜」の商品名でバター入りマーガリンのパンを販売している。

現在のバター入りマーガリンになったのは20年ほど前で、そこからは塩気を微妙に調整するくらいで、基本的に変えていない。

この〝バター〟、とてもしっかり後味が引く。その感覚をまた味わいたくて、つい買ってしまう。多分に常習性のあるヤミツキ度だ。

これを書いている最中にもあのコクを思い出して、思わず身もだえる。

惣菜パンの相棒が、「**辛子バター**」だ。

「惣菜パンは、必ず『辛子お塗りしますか?』と聞きます。辛味のある辛子バターを少し塗ると、味がきゅっとしまるんです」

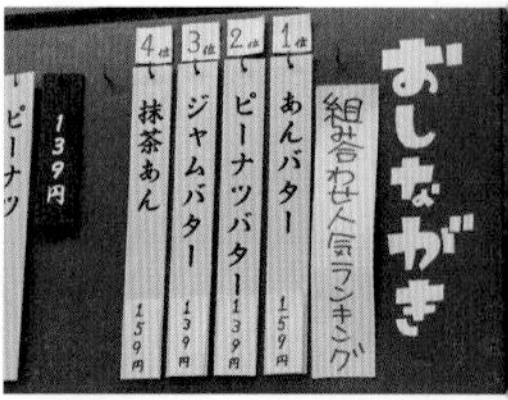

4番人気はダークホース「抹茶あん」

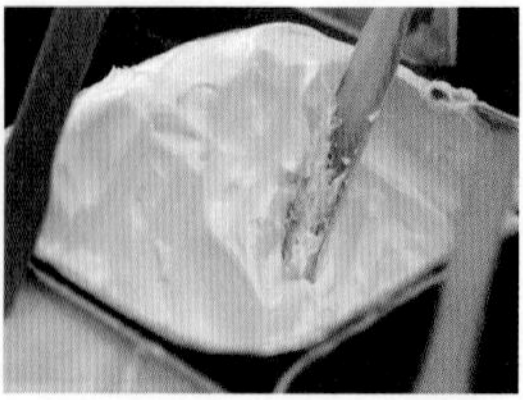
あんバターなどの「バター」はバター入りマーガリン

「福田パン」（岩手）

福田パンを変えた「ヤマザキ ダブルソフト」

福田パンは、ある商品の誕生がきっかけでパンがやわらかくなった。「ダブルソフト（山崎製パン）」だ。

１９８９年の発売当時を生きた人にとって、ダブルソフトは衝撃だった。カルチャーショックなほどのやわらかさで、マーガリンをまんべんなく塗ると、とびっきりのおいしさだった。筆者も大好きだったが、親が「ふわふわすぎて怖い」なる理由であまり買ってくれずに涙をのんだ。

「その前はもう少し硬いパンだったんです。でもダブルソフトを食べてから、これからは『パン＝ソフト』の流れがくると思って、少しやわらかくしました」

年配のお客さんに『昔のほうがいい』と言われることもあった。

しかし、麺類でも水分量が多くてやわらかい麺がウケるなど、しっとりやソフトな食べ物が愛される流れを受けて、やわらかめのパンにしている。

まさかの「ダブルソフト」が福田パンを変えた

「でも、ずっとそれが続くわけではないですし、最近は『何回か噛んだときの歯ごたえが欲しい』と思いまして。昔ほど硬くはしませんが、ぎゅっと噛めば味が出るように、10年ぐらいかけて少しずつ変えたいんです。トレンドを読むというより、自分が食べていてそう思うんですよね」

さらなる高齢化を見据えて、パンをのどに詰まらせないよう、噛んだときにバラバラになるようなパンも研究中だ。

「ポテトサラダ」は ただの〝かさ増し〟役じゃない

「うちのパンは、中種をより長時間寝かせる『中種法』という製法で風味を増します。より長時間寝かせることで、噛んだときの香りがよく出ますね。しっとり感も増しますし、『機械耐性』も向上します」

機械耐性とは。

「パンの生地はデリケートでして。手で生地を切る際、町のパン屋さんが使う

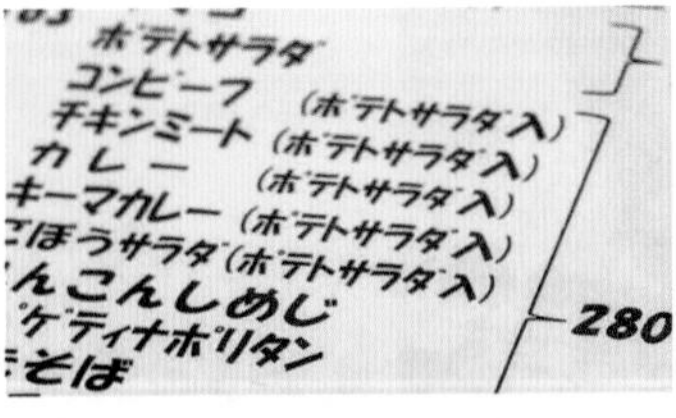

隙あらばポテトサラダが入る

スケッパーは縦に落とすだけで、それほどダメージがないんです。ところが機械だとぐいっと強く押し出すので、全体に圧がかかってダメージを受けやすい。1万個の全工程を手でやるのは不可能ですので、機械に耐えうる生地が必要なんです」

ちなみに、福田パンの惣菜パンには、これでもかと「ポテトサラダ」がメイン具材とともに入る。なぜか。

「かさ増しです（笑）。ただ、単品の具材を入れすぎるとくどくて飽きちゃうものもあるし、少なくても物足りない。そこで、**どんな具材にも合うポテトサラダを一緒に挟み込みます。**片面にはメインの具材、片面にはポテトサラダを塗っておなかいっぱいになれますね」

たしかに、ポテトサラダで具材の味の強さが中和されて食べ疲れしない。

具材はすべて、信頼するメーカーに作ってもらう。

要望を出しながら理想に近づけ、納得のいくものができたら数十年同じものを使うのも多い。

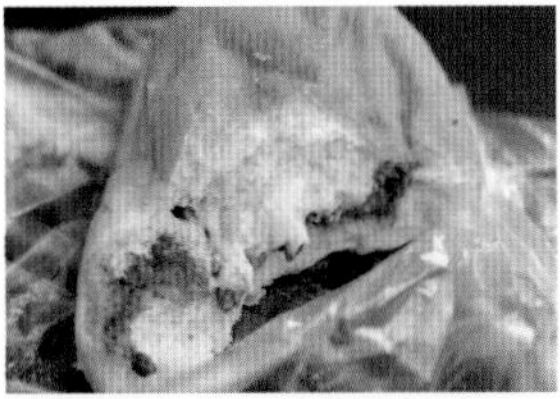

カレー（280円）。ポテトサラダがふんだんに入って、ジャガイモ入りカレーのような風合いでおいしい

「ポテトサラダもいろんなメーカーさんが取り扱う数百種類から、塗りやすさ、挟みやすさと味で選び、ずっと同じものを使います」

サンドイッチ用パン なのに「味が濃い」

口に含むと、ほんのり塩気を感じるパン。パンだけ食べても十分な味わいがある。

「うちのパンは味が濃いです。サンドイッチのような何かを挟むパンって、味を少し薄めにして具材を引き立たせるんですけど、うちは、**パンの味を主張させたうえで具材と合うようにします。なので、中身の味もしっかりさせますね**」

じつは何も挟まないコッペパンも１００円で販売されている。家庭で食卓のおかずを挟むなどして食べられるほか、学生にはそのまま食べるものとして人気だった。

「『よそと違う味』といい意味で語ってくださいますし、パンだけでもおいしいと言ってもらえるのはすごくうれしいです」

福田パンと言えば、大きなコッペパン。しかし、食べきれない人に朗報がある。

「メニューにはありませんが、**店舗では『食パン（1斤194円、1本582円）』を同じようにサンドして販売します。**コッペパンだと大きく感じる方は食パンをどうぞ」

団体の子ども向けには、3分の2サイズのパンもオーダー可。バターロール大の3分の1サイズは、お得意さんの幼稚園など、定期的な注文が来るお客さんに限る。

ミニパンは直営店の店頭に並ぶこともあるので、福田パンファンはめざとくチェックしてほしい。

ただし、レギュラーサイズは現行サイズを踏襲するつもりだ。

「いまの大きいパン、ずっとこれでいいのかなとも思いますね。歳取るとなかなか1個は食べられないので、小さくしようかとも迷いますが、『1個でおなかいっぱい』でやってきましたから」

直営店の店頭では「食パンバージョン」も食べられる

「福田パン」（岩手）

「営業社員ゼロ」でも
岩手全域へ拡大中

福田パンのすべてのパンを作るのが、本店から20分ほど離れた隣町・矢巾町《やはばちょう》の工場だ。パッケージ商品はここで実店舗同様に人の手でクリームを塗り、袋詰めして配送する。

福田パンは、盛岡ではもはや置いていないスーパーがないほどだ。盛岡以外でも岩手の内陸部ならばだいたいあるし、沿岸でも配送センターのあるスーパーには並び、東北道沿いのお店でもよく見かける。

ちなみに、1979年にサティ（旧ニチイ）の1店舗からお呼びがかかってパンを置いたのを皮切りに、クチコミでほかのスーパーへどんどん広がった。だが、長らく営業社員はいない。

「生産でずっと忙しくて、こちらからお店へ声をかけられません。依頼を受けるたびに『なんとかこれくらいならできます』と対応するうちに、取扱店が徐々

ファミリーマートにも福田パンコーナーがある

「福田パン」（岩手）

に増えたんです」

福田パンはもともと盛岡市内の高校・大学の購買の大定番であり、さらに幼稚園、保育園、病院、老人ホームの施設の給食にも採用された。

これまで展開が少なかったコンビニにもついに福田パンが進出し、岩手県内の一部ファミリーマートでも置いてある。

そして直営店舗での販売、スーパーなどの卸売りに加え、3つ目の柱がスーパーなどへ出張して行なう**「実演販売」**である。

「実演では、従業員が**サーティワンアイスクリームみたいに、具材を好きに組み合わせたパンをテーブルに並べる**んです。おもしろい組み合わせを探せるのも楽しいですよ」

実験的な具材の組み合わせのパンがたくさん並ぶ実演販売は、自分の好きな味を見つけるにはもってこいのイベントなのだ。

その流れで正式メニュー化したものが、コーヒーチーズ（159円）。「コーヒーとチーズを合わせるとティラミスっぽい」と評判だった一品が、満を持してのレギュラー化で売れ行きも好調だ。

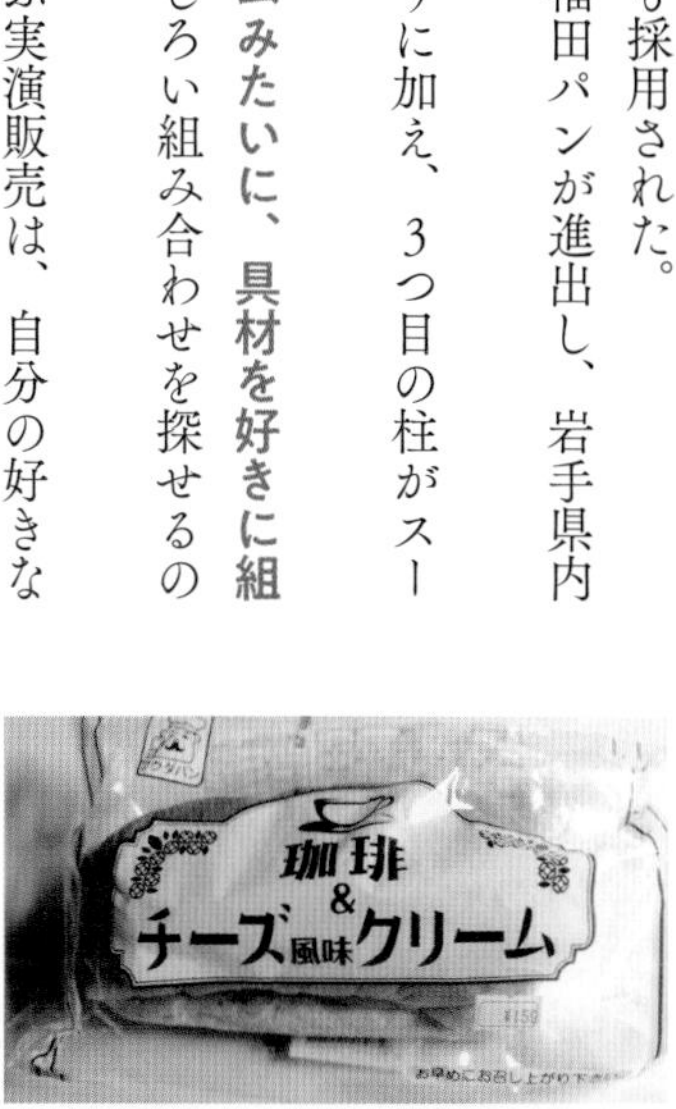

「コーヒーチーズ（パッケージ版は「珈琲&チーズ風味クリーム」）」はカスタードのような味わいのチーズとコーヒーが調和する。とろけるたっぷりクリームで筆者もオススメの一品

「実演販売では新しい組み合わせを試作して、従業員もおやつで食べるんです。なかでもコーヒーチーズは、お客さんにもよく提案していた組み合わせでした。徐々に1日に並べる個数も増えていき、パッケージ商品に抜擢したんです」

いわば、まかないからの出世頭なのだ。

「社員の子どもを大学に行かせてあげたい」

一般的に、商品を大量に仕入れるスーパーなどと、少ロットだけ仕入れる個人商店では、仕入れ額が違う。だが福田パンでは、卸値を変えない。

「ごちゃごちゃすると管理も大変ですし、もともと個人商店や学校の売店さんと商売をやらせていただいてたので。安くしろって言うのであれば、『お取引できません』って。なんで安くしなきゃならないのか、わかりません」

その強気の理由は。

ドラッグストアも定価で売っていた

「現状で生産数もちょうどいいので、無理に『安くするから買ってください』はやりません。せっかく社員が夜中に一生懸命作っているのに、なんで安くしなきゃならないのって感じです。**給料を上げたいんです。社員の子どもが『大学に行きたい』って言ったら行かせてあげたい」**

コロナ禍で「お客様が自主的に外で待ってくれる」

全国的に新型コロナウイルスの感染が広がった2020年春。例年はかき入れどきのゴールデンウィークごろ、福田パンはきわめて異例の10連休を取った。

「岩手ってあのとき感染者が1人も出ていなかったんですが、それでも休まなきゃならなかった」

コロナ禍でみんな外に出たがらず、客足が減った。

店舗販売ができなかったときは、売り上げがコロナ前の2割減。2021年に入っても、例年の1割減だ。

「週末のスーパーで実演販売ができなくなったのも大きいです。実演する1店舗あたり700～2000個の売り上げが消えました。本店も、県外のお客さんが来なくなって大打撃。ですが小売店への卸売りは頑張ってくれて、他の飲食店に比べるとまだダメージが少なくて済みました。盛岡の繁華街にあるほかのお店は、当時の売り上げが20％ほどに落ち込んだそうですから」

不幸中の幸いだったのが、**もともとの営業形態がさながら感染症対策になっていた**こと。

「虫の混入防止対策で、厨房はずっとガラス張りです。商品を渡す隙間にビニールカーテンを付けたくらいですね」

店員はもともとマスク姿だったし、アルコール除菌をこまめにしていた。業務用の空気清浄機もあったし、お客さんが来るごとに自動ドアが開き、換気される。

パッケージ商品も、潔氏の代になってからそれまでの簡易包装をやめ、きっちり密閉できるピロー包装を導入していた。

店内が広くないぶん、自動ドアで換気が間に合う

「お客さんが自然にソーシャルディスタンスを取るし、たくさん人が来ると、密にならないように外で待ってくれます」

震災でつぶれるのを覚悟した

「東日本大震災のときは、つぶれるのを覚悟しましたね。トラックで食材が入ってこないし、もう社員たちには退職金払って1回解散して、またいつかやり直そうと」

東北道が使い物にならず、福島では原発事故の影響もあった。トラックが相当な迂回をしなければ、盛岡までクリームなどを輸送できない。

一方で、福田パンを求めるお客さんの数は想像以上だった。

「本店はなんとか震災2日後に開けたんですけど、**福田パンの歴史上一番売れたかもしれません。**徹夜で並んだ方もいるほどのすごい行列で、『何にも挟まないパンでもいいからください』って」

当時はスーパーへの卸売りも、「あいにくこれしか出せません」と商品を指定し、個数も福田パン側で決めるしかなかった。その後2ヶ月かかって、ようやく満足に出荷できた。

そんな創業以来の危機で、福田パンは周囲への援助を行なう。

地震直後は24時間態勢で働くテレビ局などに差し入れし、沿岸へ車で行けるようになってからは、往復4時間を走ってトラックで避難所にパンを届けた。家族が心配で実家に戻る沿岸出身の人の車にもパンを積ませた。

その後も月に1～2回のペースで1年間、大槌町《おおつちちょう》を中心に沿岸部へ無償でパンを届け続ける。

潔氏たちをそうさせたのは、初代・留吉の造語「救食」だ。

宮澤賢治の教えから、生活が苦しい人たちにも豊かな食生活を送ってほしい思いがあった。

いまも、当時無償で福田パンを食べた人からお礼を言われる。意図しなかっただろうが、これまでゆかりの薄かった沿岸部にも、福田パンの一生モノのフ

独特なコッペパンが生まれたのは岩手大学。前身の学校で助手だった留吉が「苦学生に安くて食べごたえあるパンを」と作り上げた

アンを作ったはずだ。

人がよすぎて「社長室が物置に」

最近は東京の「吉田パン」など、福田パンの製法を学んだお店が全国各地でオープンしている。しかし売り上げの何％かを渡すなどの見返りは要求しない。

なぜ教えるのか。

「**仲間が増えるのでうれしい**んです。昔はコッペパン専門店っていっぱいあったそうですけど、いまではうちぐらいしかないので。ただ、修業のお話を受けるかどうかは、お会いして決めますね」

教えたあとは、何の責任も取らないのが約束だ。

「いまもよく九州（福岡）の山本パンさんと電話で『こういうので困っています』とか、共通の話題ができるんです」

お互い日々の悩みも交換できる。師匠と弟子というより、仲間としての交流が力になっている。

そうやって、惜しげもなく自社商品の製造ノウハウを伝授する福田潔社長。「社長」と名の付いた人のなかでもきわめて腰が低い。

電話で取材を依頼した際も、「え、この方が社長なのか」と驚いたほどの〝下から目線〟で丁寧な物腰だった。

「会社はちっちゃいですから、**社長室もないですし。前作ったら勝手に物置にされました**(笑)。1日中現場でみんなと一緒ですから、さぼれないです」

社長が駐車場の交通整理を買って出るし、実演販売もやる。春には新入社員と一緒に現場で仕事を教えながら、販売まで受け持つ。

「帽子かぶってマスクして目しか出てないんですけど、『あ、社長』と見つかることもあります(笑)。パンを作るのも塗るのも配達もやっていましたし、事務も遅いですけどできます。会社のことは一通りできるので、何かトラブルがあればすぐ対応できますね」

いわば「代打・オレ」である。社長すらバックアップ要員のひとりなのだ。

「福田パン」（岩手）

ご当地パンだから価値になる

1950年代、岩手大学の売店にパンを卸すことになったとき。おなかを空かせた学生のために、学校給食用より大きなサイズにした。パン1個と牛乳だけで、ごはん2膳と味噌汁1杯に相当するカロリーをとれる、まさしく初代・福田留吉が提唱した「救食」のパンだ。

3代目の福田潔社長も「東北では大きめのサイズが好まれる」と考えており、今後もこのサイズを続ける予定だ。ちなみに前述の「吉田パン」店主は、東京向けに若干小さめサイズにしている。

さらに実演販売によって、人気商品に地域性があることもわかった。ずんだは岩手南部の、仙台に近い地域でよく売れるし、粒ピーナツやホイップ系は花巻や北上あたりで人気だ。福田社長は「盛岡から離れるほど地域性が見える」と話す。

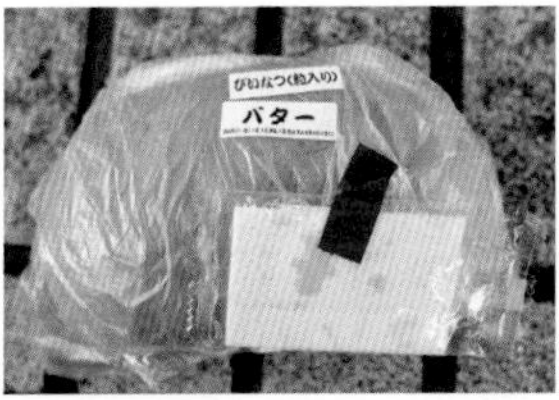

「粒入りピーナツ」は花巻・北上周辺での人気が高い

ところで、福田パンは全国へ打って出ないのか。

「いまくらいの規模がちょうどいいです。会社が大きいと安全とも考えたんですけど、岩手ご当地のものだから取材していただけるのがわかってきました。**そこに行かなきゃ味わえないほうが価値はある。**無理に大きくすると、機械も替えなきゃならないかもしれませんし、機械に合わせて生地も替えなくてはいけませんから」

初代留吉からの経営方針は「あまり無理するな。大きくしなくてよい。堅実に、安全第一、長く続けること」だった。全国で大きくなるよりも、岩手だけの大きな稀少価値で勝負する。


コロナ禍によりリモートワーク化が一気に進み、東京からの転出が相次ぐなど、地方への視線がかつてないほどに高まった。

「いまはITやAI（人工知能）はすごく便利だけど、一方で『ポツンと一軒家』（朝日放送テレビ）あたりの番組が人気だったり、ソロキャンプが流行ったりするのは、人が〝不便さ〟も欲する証拠で。人にとって大事なものを薄々みんな気づいてきて、不便さを忘れたくないのかもしれません。コロナ禍で地方への転出者が増えたのも、地続きにあるような」

その一方でテレワークが本格化し、必要以上の「不便さ」を強いられなくなったのも地方には追い風だ。

「本社も東京に一極集中じゃなくて、大手企業さんが少しずつ地方に出てもいいんじゃないでしょうか。どこか岩手に来ないかな。日本のチベットみたいですけれども（笑）」

強みは「地元の人が守ってくれる」

地方では、**入店時のハードルの低さ**が何より大事という。

「地方でオシャレすぎるのは、あまりよくないと思います。普段の生活に根差した雰囲気のほうが長続きするし、利用しやすいはずです。人口の多い東京ならば原宿や銀座みたいな商売でもいいんですが、人口が少ない町では商売にな

盛岡出身の作家・石川啄木が「美しい追憶の都」と記した街

らない」

そして福田パンも、このままの雰囲気で歩んでいく。

「やっと本店も古くなって汚れてきて、いい壁の色になってきた。変わらなきゃいけない部分もあると思うんですけども、全体的なイメージはこのまま残したいです」

ちなみに福田パンには、**公式ホームページがない。**

「お客さんがツイッターやインスタグラムに上げてくれますので、いりません。経費をかけてホームページを作るよりは、お客さんのクチコミこそが本当の情報なので」

たしかに自薦より他薦のほうが、人はより信用したくなる。人気店だからできるかもしれないが、合理的だ。そんな福田パンは、とことん愛され上手。

「地元の人たちが守ってくれるんです。コロナ禍で店を閉めて大変なときも、銀行さんがいろんな支店から注文を取って買ってくれたり、ほかにも毎週社員のおやつ分に何十個も買ってくれたり……」

J3リーグ・いわてグルージャ盛岡とコラボした「紫波（しわ）さびバーガー」

「福田パン」（岩手）

岩手県民、とくに盛岡市民は、ずっと子ども時代からいろんなシーンで福田パンに触れて育つ。それほど守りたいものだからこそ。

「盛岡近辺の人たちは何かと『福田パン』の名を出してくれます。もう、盛岡市民の方々が広報担当です。演歌歌手の福田こうへいさんがうちの遠い親戚らしいんですけど、『ダウンタウンなう』（フジテレビ系）でおみやげにしてくれました」

日々のかんたんな食事から、大物への贈答品としても機能する。高校生カップルが「福田パンデート」なる、安上がりな逢瀬を楽しむこともある。その偉大なる守備範囲の広さが福田パンなのだ。

福田パンも県外のイベントなどには参加するが、「地元への貢献につながるもの以外は受けない」のがポリシーだ。

「社員の子どもが『うちのお父さん福田パンで働いているんだよ』って、自慢してくれることがあって。大手じゃなくても自慢してくれるのはいいなって……そうそう、『旅行で食べたのが忘れられません』とか、手紙をもらうこともあるんです。**『人生の一番苦しいときを支えてもらったのが福田パン』**とま

MADE IN MORIOKA
ベストセラーより
ロングセラー。
福田パン

戦後から73年続くロングセラー。どこかでいまはなき「マルキ号」の味が生きているはず

で言ってくれた方もいました」

何気ない生活を支え、ときには苦しい人生を乗り越える力になる。「心の味」の言葉が決して大げさではない、福田パン。これからも岩手県民が生きる大きな力になるはずだし、その存在を岩手県民たちが守るはず。

そして岩手を訪れるわれら旅人たちにとっても、その稀少価値はあまりに魅力的だ。

北上川を渡る開運橋には「二度泣き橋」の異名がある。転勤で遠くへ来たことを泣き、最後は離れがたくて泣く

参考文献

・『福田パンものがたり』『福田パンものがたり』発刊委員会 編（盛岡出版コミュニティー）
・『産経新聞』2018年9月13日付
・『岩手日報』2020年7月23日付
・『朝日新聞』2015年11月28日付

全国に出ない価値。「救食」のやみつきバターパン

「福田パン」（岩手）

・『宮澤賢治記念館通信』第117号
・『日経トレンディ』2018年5月号
・「盛岡発のふんわかもっちり「福田パン」の魅力。昭和を感じる懐かしいおいしさ」（「ぐるたび」）
・「盛岡のソウルフード、コッペパンの名店〈福田パン〉へ一行くぜ、東北。」（「ブルータスカーサ」）
・「導入事例」（「シャープ」）
・「福田パン」（「福田萌オフィシャルブログ」）
・「パンの用語集」（「おいしいパンの百科事典」）

COLUMN

お盆に3連休、年末年始は4連休する

福田パン

市販されているパッケージ商品の流通は止まらないので安心

福田パンでは、かき入れどきのお盆に休みを取る。

「店舗だけですけど、8月13〜15日は毎年休んでいます。ただスーパーの出荷が増えて、工場は忙しくなりますね」(潔氏)

ロイヤルホストや幸楽苑など、ようやく年末年始休みが飲食業界でも少しずつ広まってきたが、福田パンはそのさきがけでもある。

「うちは12月31日〜1月3日まで休みます。工場は動くんですけど、お店を休むぶん気がラクになりますね。どこかリラックスできます」

潔氏が「街全体の時計がゆっくり」と語る盛岡市街。「10年いた東京から帰ったら、佐川急便が歩いていた」と笑う

DATA

社名：株式会社蓬莱
本社所在地：大阪市浪速区桜川4丁目2-5
創業年：1945年
社長：羅 賢一
店舗数：58店舗
社員数、従業員数：総従業員約1,300名（正社員約800名）
（2021年5月時点）

2

551HORAI

創業76年「関西だけの豚まん」を守る理由

長らく**100円台**を**死守**する
130gの**ビッグ豚まん**

大阪は本当におもしろい。目を見張る独自カルチャーが多いし、街は東京にない刺激に満ちていて、安くておいしいものがたくさんある。

筆者がいた「秘密のケンミンSHOW」の会議では、大阪のネタを出す放送作家さんが複数呼ばれており、番組開始から10年を超えても話すことが尽きなかったくらいだ。

阪神百貨店のいか焼き、わなかのたこ焼き、200円台からの立ち食いうどん、ポールウインナー（伊藤ハム）……数ある大阪ソウルフードのなかでも、「これを食べたいから、関西から離れがたい。関西に戻りたい」。関西人にそう言わしめる、とっておきのソウルフードが、**551HORAI**（以下、**551蓬萊**）の**「豚まん**（**2個入380円**）**」**だ。

1日17万個もの数が作られるメガヒット豚まんは、**「1個あたりの価格を大**

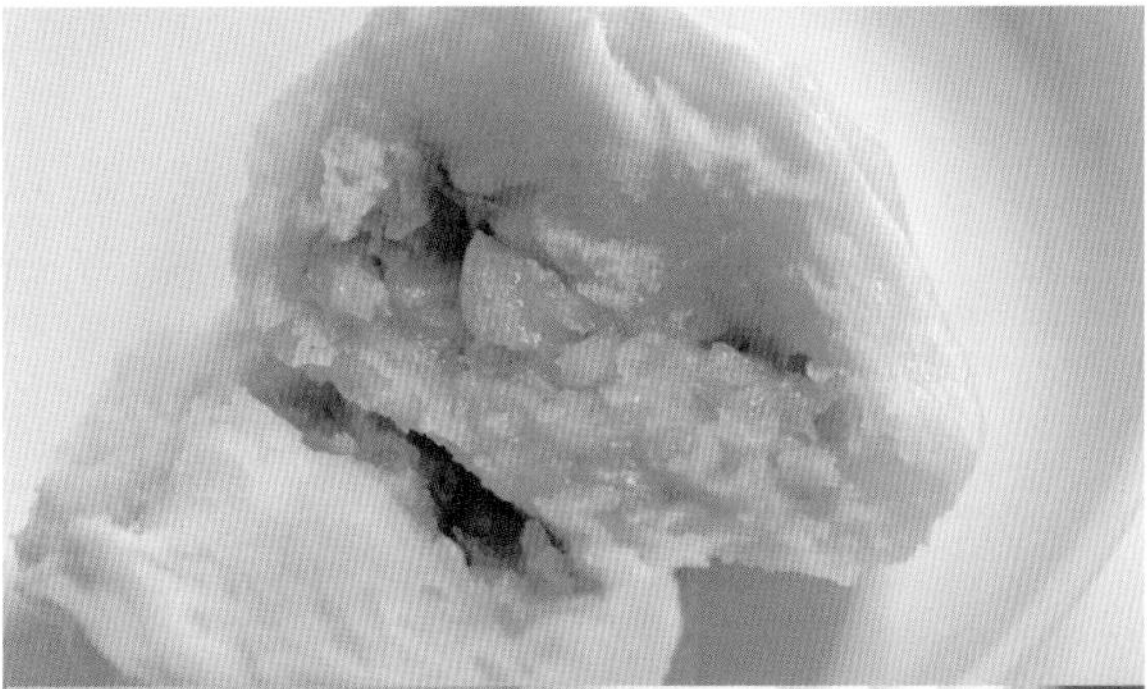

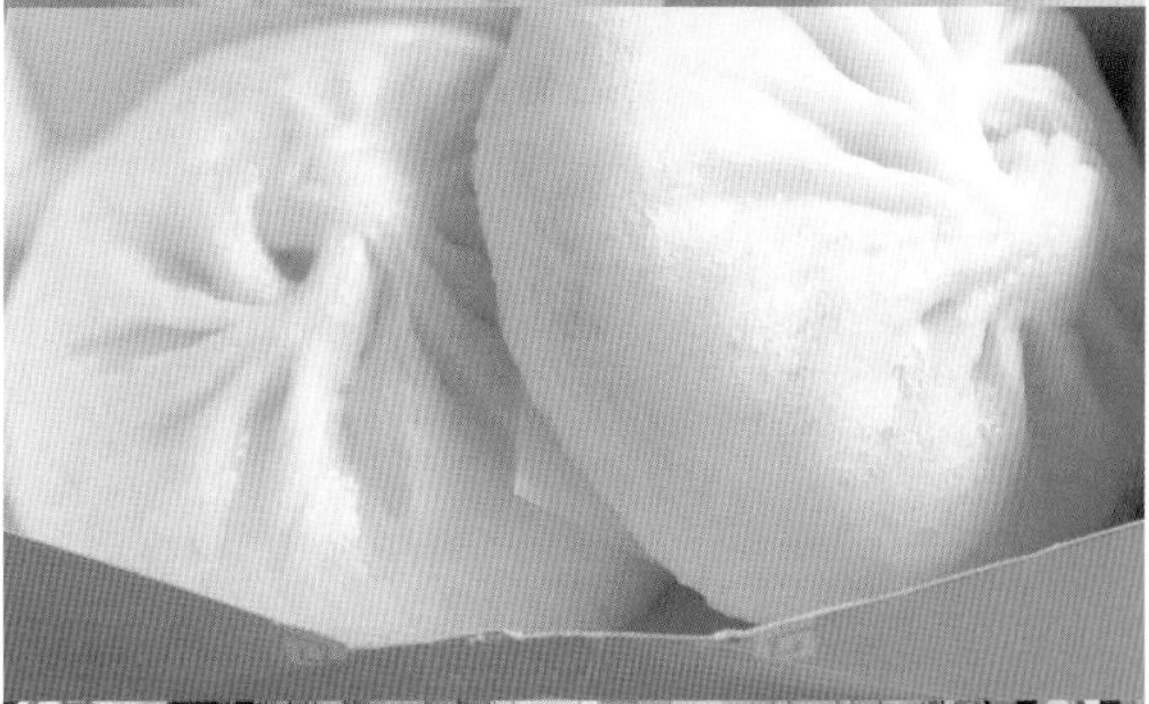

上・中／不動の1番人気メニュー、豚まん。多い日は1日で、1店舗1万個以上売れる
下／難波にある本店。現在リニューアル中で2021年初秋に再オープン予定

阪メトロの初乗り運賃より安くする」方針のもと、長らく庶民的価格を守ってきた。近年、大阪メトロの初乗り運賃値下げ（180円）と豚まんの値上げが重なりその歴史は途絶えたが、いまだに190円と廉価を貫く。

関西人は、551の味を全国唯一お店で食べられる特権を誇り、ほかの地域の人々にとっては、関西へ足を運ぶモチベーションだ。現在は関西のみに58店舗を数える（2021年5月時点）。

筆者も久しぶりに食べる551の豚まん。まずひとくち目で味わえる、豊潤で噛みごたえのある真っ白な分厚い皮がいい。もっちりした感触と風味に酔いしれる。ふたくち目でついに具へと到達し、やわらかい豚肉からコクがじんわり染み出る。

包容力ある皮が具を主導し、どこか小籠包のようなしっとりさも感じる、調和のとれた中華まん。口いっぱいにほおばっても、まだあまるボリュームだ。**皮は70g、具は60gで合計130gと、100g前後のコンビニ肉まんよりビッグ**。戦後期のおなかを空かせた人のために生まれた大きめサイズは、いまもそのまま。それでも夢中になれば「いつの間にか食べ終わっている」から、

創業間もないころの「蓬莱食堂」。当時は広東料理をメインに提供していた

「551HORAI」（大阪）

また買いに行きたくなる。

忘れてはならない特製の「からし」。皮にかけるか、具にかけるか。まんべんなくかけるか、一気にたっぷり付けて辛さを堪能するか……いちいちペース配分を考えながら、豚まんを口に入れる過程が楽しい。

1番人気の豚まんが皮で食べさせるなら、**2番人気の焼売（6個入420円）**は、豚肉で食べさせる。ひとくちで薄くてもっちりした皮の層を突き抜けると、みっちり肉が詰まった部分へいきなり到達する。噛めば噛むほど肉汁の味わいが響く。

豚まんより塩気を感じる、攻めた味つけ。焼売にしては大きめのボディに肉がギュッと詰まっているから、6個食べるとかなりの満足感だった。豚まんも焼売も玉ネギの食感が響いて、ほんのり気持ちいい。

大きく口をあけて食べるものが多いラインナップのなかで、3番人気の**エビ焼売（12個入600円）**はかわいいひとくちサイズ。エビの香りが口に広がり、鼻

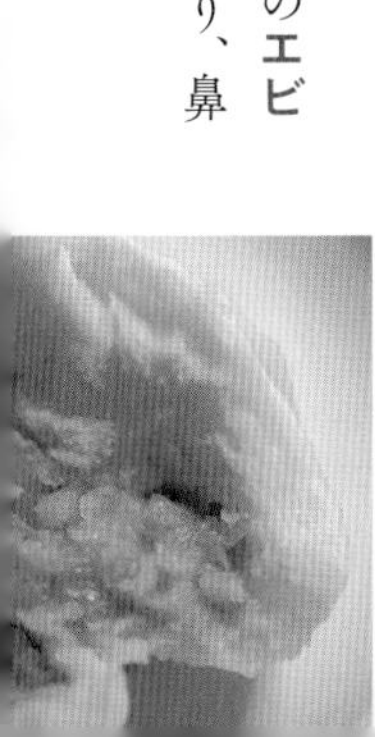

豚肉ギッシリの焼売は直径3センチと大ぶり

に抜ける。食感が一定でなく、サイコロを転がすようなおもしろい噛みごたえだ。共通して、何も付けないでも十分味わいが楽しめる仕様は、551蓬莱スタイル。

関西とともに育ち、関西人のおなかを満たしてきた551蓬莱。今回、営業の要である取締役営業部部長の安木久和氏と、広報部の八田実紀氏に話を聞けた。551の歴史とうまさの秘密を紐解くとともに、そのウラにある経営視点からの奥の手に迫る。

快進撃の歴史と「約60店舗までにとどめるワケ」

1945年、大阪・戎橋《えびすばし》に台湾出身の3人で開業した「蓬莱食堂」から、店の歴史がスタートする。初期の看板メニュー「10円カレーライス」の勢いがしだいに衰えるなか、**テコ入れ商品として投入**したのが、当時神戸・元町で愛さ

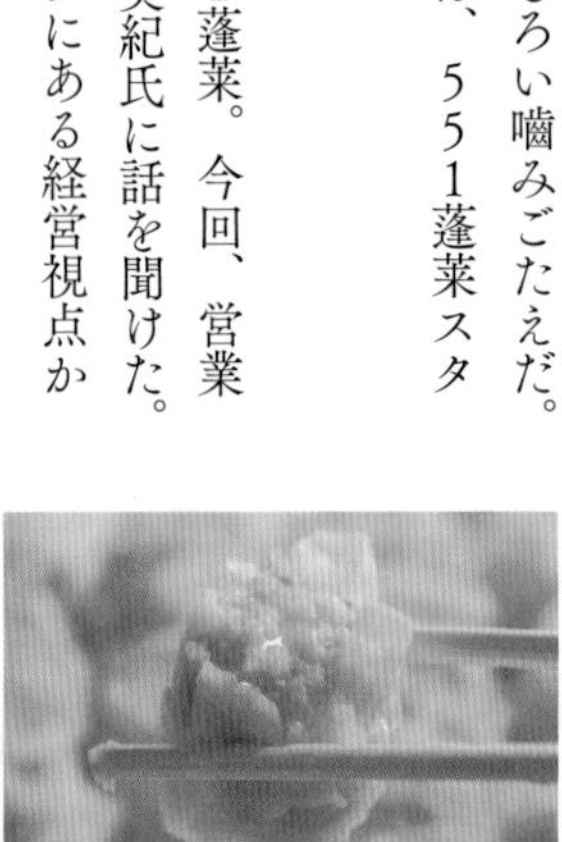
エビ焼売は香り高い味わいで孤高の存在

安木氏（左）と八田氏

れていた「豚饅頭」だった。

創業者・羅邦強氏が大阪の人向けの味付けで1946年に店内メニューとして売り出したところ、たちまちヒット商品になる。

豚まんのテイクアウトが始まったのは、1952年。当時はどこも持ち帰り用の箱代を取るのが当たり前だったが、羅邦強氏は箱代を無料にすることで、手軽さが大いにウケた。

さらに木折の箱を紙折に変更したり、大阪の飲食店では初の自動ドアを導入したり、革新的な取り組みを次々と行なった。

店は軌道に乗ったが、創業者たちに独立の機運が高まる。

火災で店舗が全焼したことをきっかけに、1963年に分離独立。そのうち羅邦強氏による「蓬莱角店」が、のちに店名を「蓬莱」に変え、現在は「551蓬莱」として繁栄を築いている。

ちなみに店名の由来は、当時外国産の555（スリーファイブ）というタバコを吸っていた羅邦強氏が、「数字なら覚えやすいし万国共通だ」とひらめいた。当時の本店の電話番号が64－〝551〟番でもあり、「味もサービスもここが

火災で焼失する前に存在した「本格中華専門店蓬莱食堂」

一番をめざそう」として５５１と名付けた。奇しくも意味は後発の「ＣｏＣｏ壱番屋」と似ている。

１９５７年に大阪そごうから百貨店での営業を開始。当初は比較的目立たない場所での販売を強いられた５５１であったが、目を見張る売り上げをコンスタントにあげて信頼を獲得し、一等地を提供してもらえるようになる。ここで、大阪と周辺の百貨店や駅構内へと破竹の勢いで店舗網を一気に広げた。

環境の変化も追い風となる。

２０００年前後から始まる大阪周辺の交通網の発達が、食材のスピーディーな配送を可能にし、さらに関西での勢力を拡大した。

「具材は2つ」だから、**スケールメリット**を**最大化**できる

気になるその作り方は。

「テイクアウト部門の構成比は、豚まんが約65%。焼売が約15%を占めます。

つまり、80%以上の商品を豚肉と玉ネギから作る。一度により大量の食材を仕入れるから、コストを抑えられるのです」

じつは**豚まんの食材は、「豚肉」と「玉ネギ」のみ**。同じ原材料で、調味料の配合を変えて豚まんと焼売でまったく違った味の商品に仕上げる。

とくに鮮度を重視する豚まんは、「当日生産・当日販売」が基本。販売する日の朝に、工場で原材料を加工する。

豚まんにはミンチ肉を使うのが一般的だが、551蓬莱では5ミリほどのサイコロ状にカットした豚肉を使い、食感とうま味を出す。使用する部位は次の3つ。

・バラ……脂身が多い
・腕……赤身が多い
・モモ……脂身と赤身のバランスが取れている

3つの部位の豚肉を混ぜ合わせて、うまみある味に仕上げる。

玉ネギも同様に、生のままサイコロ状にカット。噛んだときに食感をより楽しめる。

もともとは大阪府南部・泉州産の玉ネギを使っていたが、宅地化により生産が縮小。1998年に明石海峡大橋が開通したのを契機に、陸送が可能な淡路島産中心に切り替えた。淡路島産の玉ネギは糖度が強く厚みもある。時期的に調達しづらい場合も、淡路島産と同等レベルを仕入れる。

その豚肉と玉ネギに、醤油、砂糖、塩などの調味料、でん粉を混ぜれば餡ができる。もっとも、その配合の割合は企業秘密だ。

その包容力ですべてを包み込む「皮」の製法を見よう。

まず小麦粉やイースト菌などから作る生地は、時間とともにどんどん発酵していく。そのため、発酵のピークをコントロールすることが重要だ。

その秘密兵器として、**工場から店に運ぶ時間に応じて、発酵の進み方が異なる3種類の生地を用意し**、店で切り分ける。

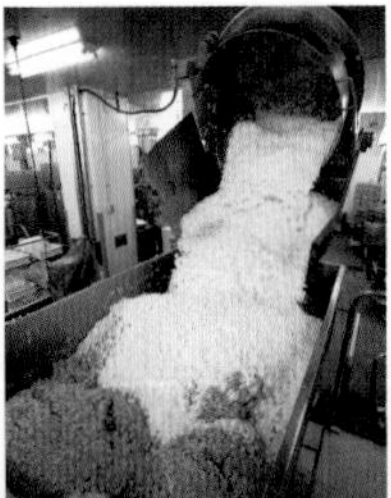

豚肉と玉ネギは1日約4トンずつ使う

大阪市浪速区の工場からおよそ150分以内で店舗へ直送する

・約1時間で切り分けられる…お湯で練った発酵の早い生地（スグ）
・約2時間で切り分けられる…常温の水で練った発酵速度が普通な生地（フツウ）
・約3時間で切り分けられる…冷水で練った発酵の遅い生地（オサエ）

これなら、いずれの生地もちょうどよく発酵のピークを迎えられる。さらに各店の店長によって、

・すぐに使いたいとき、お湯で練った生地を注文する
・あとで使いたいとき、冷水で練った生地を注文する

と使い分ける。

ただし冷水で練った生地ですら3時間ほどで発酵するため、工場から車でおよそ150分以内で行ける場所にしか店舗は置けず、トラブルなども考慮すると滋賀にある草津近鉄店あたりが限界になる。

1つの豚まんを包むのは15秒。手の温度で発酵が進まないようにすばやく行なう

生地をおいしく安定提供し、**本部としてあらゆる要素をくまなく管理できる上限は60店舗程度とみて、その範囲内で商売する。**目の届く範囲でお店の質を守るからこそ、全国には出店しない。こうして、関西での551ブランドが強固になった。

遠方の百貨店の催事などに出張販売する際は、生地の粉とミキサーを持って行き、その場で生地を作る徹底ぶりだ。

最終的には、包む人の感覚が頼り。生地を触ったときに「ちょうどいい」「まだ早い」と最終チェックをして、熟練の技で包んでいく。生地を包むときにできる「ヒダ」を12～13本にするのがコツ。見た目がよくて食べやすいほか、「餡がはみ出すことなく、一番ふっくらと蒸し上がる」から。

餡が中心に置かれていることも重要だ。そんな風に、見た目も中身もいい、うまくできた豚まんを「美人豚まん」という。

ちなみに、豚まんの下に敷く「ザブトン」は松の木など国産木材でできており、蒸したときの香りをひそかに演出する。

下に敷かれたものがザブトン。写真は裏返したところ

豚まんに**からし**が**付く**のは**551**が**最初**？

標準装備のからしは、関東人にはあまりなじみがない。だが**関西の豚まんにからしが付くようになったのは、551蓬莱がきっかけとの説がある。**もともと551は中華食堂だったので、お客さんが卓上のからしを自主的に付けているのを見て、「テイクアウトでも付けよう」となったとか。

からしに保存料は入っておらず、毎日工場からできたてで店に入荷する。冷蔵庫にストックする関西人も多いが、数日のうちに食べないと変色してえぐみが出るそうだから、早めに食べ切ってほしい。

じつは**初夏の一定期間だけ、豚まんにポン酢が付いてくる。**「夏の暑いときにもともとポン酢を付けるお客さんが多くて、社内で試したら『さっぱり食べられる』とGOサインが出ました」

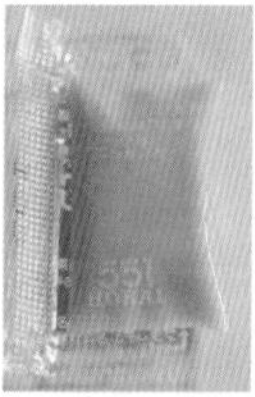

初夏に登場するレアアイテム「ポン酢」

市販のポン酢はなかなか豚まんに合わず、オリジナルで作った。初夏の1ヶ月に限定しているのは、自社で作るゆえの生産ラインの都合から。

さらに、九州では1年中豚まんをポン酢で食べる習慣があり、九州で物産展を行なう際には、代用品としてお酢の入った餃子のたれを渡すこともある。

隠れた**実力派アイテム**
「甘酢団子」

隠れた人気アイテムが「**甘酢団子**（10個入350円）」だ。

お店のレジ横に積まれていて、関西の食卓の一品として食べられている。物産展でもお目にかかれないレア商品だ。

「通販でも買えないので、関西の人しか知らないかもしれません」

工場出荷の商品ながら、手作業で肉だねを丸めて、スプーンですくって揚げている。そのため空気が入った団子になり、ふわふわでやわらかい食感だ。

「仕事から帰ってきたお母さんも、甘酢団子に少し野菜を合わせるだけで立派

物産展でも通販でも買えない甘酢団子

なおかずになります。育ち盛りの子どもがいるご家庭に人気です」
共働きが主流の現代らしいヒット作であり、551の商品のなかで毎日最初に売り切れる。

「ついに**新商品**を**1つ**も**出せません**でした」

551蓬莱には、「『豚まんを超えるほどの商品』を開発しなければ、新商品として売ってはならない」という鉄の掟《おきて》が存在する。

人気ナンバーワン・豚まん超えの商品なんて、ハードルが高すぎるのではないか。

「あまり商品数を増やすと、効率も悪くなりますから。そもそも、つねにできたての豚まんを作るためにアイテム数を絞っているので、豚まんを売りづらくなったら本末転倒です。だから豚まんに匹敵するくらいの商品じゃないと、定番メニュー入りは難しいんです」

その基準は明快で、「みんながおいしい」と思ったものが新商品になる。ただし案はなかなか通らず、かつては「カレーまん」なども却下された。

551蓬莱の新商品は、2008年誕生のエビ焼売以来13年ない。そのエビ焼売は現在3番人気にまでのし上がるほどに大成功しており、その後も新商品の開発は日夜検討されている。

話をしてくれた広報の八田氏も、こう続ける。

「私、もともと商品開発の部署にいたんです。ついに新商品を1つも出せませんでした。いまは広報で頑張っています!」

新商品に求めるレベルが非常に高い551蓬莱において、新商品案の通るほうがよっぽどの事件だろう。

それほどの難関だからこそ、新商品として登場するものは、全会一致で「おいしい」と思われるような、期待大のアイテムなはずだ。

2008年発売でも「最新作」のエビ焼売

徹底的に、作るところを見せる

551蓬莱では、「実演販売が止まると、物の売れるスピードまで止まる」。1日で最も忙しくなる時間帯に、豚まんの実演をしっかり行ない、活気を出すことが必要。だからこそ、意識して実演を見てもらう。

「いかに店の〝空気を動かす〟かに重点を置きます」

いまは豚まんを作るところがすべて見える店舗になっている。だからスタッフの活気がお客さんに伝わるし、「食べてみようかな」につながる。実演を見せるのは551蓬莱の「生命線」だ。

つねに見られている意識があるから、店内を清潔に保つし、商品づくりにもさらに熱が入る。コロナ禍以降は、客から「製造風景を見られて安心」と新たな価値も生まれた。

手早く、見ているだけで気持ちいい。蒸し上がりの商品をいつでも提供でき

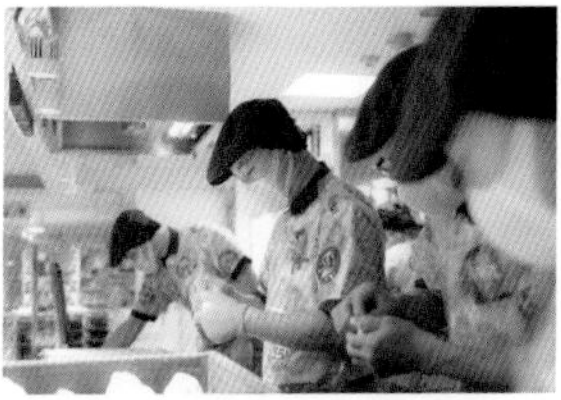

るのは、手作りによる調整が利くから。**お客さんのペースに合わせて製造できる**のが、551蓬莱の「地味にスゴい」部分だ。

「『工場で10個だけ作ろう』なんて、なかなかできないですからね」

繁忙期は本社社員も豚まん作りに動員

各店舗では、リアルタイムの売り上げデータに基づき、数時間ごとに工場へ食材を発注する。かつては電話やファックスを使ったが、2005年にデータ管理のシステムができあがり、発注と売り上げが連動された。

朝一番の便は前日に注文するが、2～4便目などは当日に注文できる。なので開店後のお客さんの入りを見て、余裕をもった調整が利く。

11時にお昼の注文を入れたら13時には配送のトラックが来る。だから当日の天気や混雑状況によって発注数を柔軟に変えられる。工場と各店が近くて密接だからできることだ。

現場でも時間帯ごとに「だいたいこれくらい発注すればOK」という過去のデータはあるが、そこからの注文数は、店長の判断に委ねられる。さらに「今日は野球の日本シリーズがある」などの情報が、本部から各店にも伝わり、二重、三重の対処ができる。直前注文ができるからこそ「ロス率は他社さんよりかなり低い」と自負する。

発注における究極の目標は、相反する2つをかなえることだ。

・閉店直前まで豚まんが買える
・閉店時の豚まんをゼロへ近づける

さらに「並んだのに買えなかった」ことがないように、店頭に並ぶお客さんの必要個数を確認しながら、残りの豚まんの数をカウントダウンする。

在庫がいよいよ少なくなったら、スタッフが最後尾に立ち、新たに並ぶお客さんに**「豚まん、残り○個です！」**と在庫数を伝える。希望する数の豚まんがないときはほかの点心をオススメする。お客さんからすれば豚まんを希望通り

「作られてからお客様に届くまでの時間はどこよりも短い」と豪語する

に買えないのは残念だが、隠れた実力派アイテムに巡り合える機会にもなるのだ。

ちなみに実演店のなかでも、売り上げナンバーワンは天王寺の店舗だ。梅田には5店、新大阪にも4店あるが、天王寺には2店しかなく、商品の回転は早くなる。

通常は各店1日2~4便だが、とくに繁忙期の12月は、ときに1日6便もの超速ピッチでトラックを出す。

すべて手包みなので、人海戦術でやらなくてはいけない。そのため、いま話を聞く安木氏や八田氏など**本社勤務の社員も、忙しい時期には助っ人として現場に入り、豚まんを包む。**

「金のバッジ」保持者を探せ

約1300人のスタッフを抱える551。それだけの大人数を育成するため

とにかく忙しい天王寺店。みなさんお疲れさま

の仕組みとして、スタッフ自らがすすんで腕を磨ける機会がある。

美しくおいしい豚まん作りを競う「美人豚まんコンテスト」や、「笑顔の接客キャンペーン」なるイベントが毎年行なわれており、審査員が店舗を回る。

5年に一度の周年時には、**「G－1グランプリ」**なる大イベントもある。エントリー方式で料理や接客の腕を競い、予選↓決勝大会を経てチャンピオンを決める。決勝大会は本社で接客の腕を見せたり、本店で実技を披露したりする。

偶然立ち寄ったお店で、「G－1グランプリ」が開催されているかも。精鋭職人の味が楽しめるから、出くわしたらラッキーだ。

「美人豚まんコンテスト」「笑顔の接客キャンペーン」などの通年イベントは、各店を巡回する審査員に会えなければ審査の対象にはならないが、「G－1グランプリ」は立候補すればもれなく審査される。なので、ここで急に名を上げる職人もいる。

G－1グランプリで勝ち残れば「**名人**」「**超名人**」の称号に輝く。なかでも「超名人」は**金のバッジ**の着用が認められ、現在豚まん職人が5人、接客が7人、

「G－1グランプリ」の様子。本社に店舗のレイアウトを再現して接客を披露する

海鮮焼そば作りが1人いる。ぜひお店で見つけてほしい。

　ちなみに安木氏はいまでこそ本部で全体を統括する立場だが、入社以来28年現場に立ち、その間17年ほど店長を経験した。本部勤務の営業社員は、全員が店長経験者であり、現場で何らかのトラブルが起きてもすぐ対応できる。

大阪に**愛されている**から、**コロナ**でも**戦えた**

「関西のお客さんに愛されて育った企業だからこそ、関西のお客さんがやっぱり大切です」

　新型コロナウイルスで大阪のおみやげ市場は壊滅的な打撃を受ける。2020年4月から5月に発出された緊急事態宣言の際には、売り上げを牽引してきた新大阪や関西国際空港のお店が休業になった。

　しかし**地元客が買いに来る地域の店には大きなダメージがなく、それどころか例年比100%以上の売り上げをたたき出し、どうにか苦境を乗り切れた。**普

「超名人」が着けられる金のバッジ。2020年大会は実施できず、現在2015年大会のものが最新

段は外出先や通勤途中に買うお客さんが、自宅近くの店舗で購入していたようだ。

「おみやげ市場だけならものすごい減収でした。でも地域密着の小売店舗があるから、コロナ禍でもなんとか戦えたんです」

551はおみやげ市場だけでなく、地域密着で地元に常用されているお店が多い。たとえば和歌山・草津・生駒《いこま》の近鉄などの百貨店では、食品売場がスーパーの役割も果たしており、地元民が根強く支えた。

「551が元気ないとさみしいよ」

551蓬莱の豚まんは、コロナ禍でも関西人とは切っても切れない花形アイテムだ。医療関係で働いている方や、それでも会社へ行かなくてはいけないサラリーマンに、できたての豚まんが喜ばれた。

「お客さんは減るし、苦しい状況でした。ただ、励ましのメールをいただくんですよ。医療関係のお客さんが『551さん、最近お客さん並んでなくて。551が元気ないとさみしいよ』『毎日出勤してるので、551買って帰るから、

地域の縁から、大阪市消防局の火災予防運動の期間中はおなじみの箱や袋が消防車パッケージになる

お互い頑張りましょう』って。すごい感激しましたよ……ああ、頑張らなあかんなと」

関西でずっとやってきたからこそ関西人に好まれ、関西にしかないメリットも活かされる。

「東京にあったら、大阪のおみやげとしてはもう魅力がないですよね。さらに551の場合は、ただのおみやげじゃなくて関西のお客様に買っていただけるのが強みです。地道に関西でやってきたからこその付加価値ですから」

ここまで読んで、無性に食べたくなってきた全国の人に朗報なのが、**チルド冷蔵商品の通信販売だ。**コロナ禍にはツイッターで大反響となり、2020年5月は前年比300％の売り上げで、挽回の立役者となった。

チルド商品もセントラルキッチンで生地や具材を手包みし、蒸し上げるまでの工程は店舗と一緒だ。そこからチルド商品は30分程度で急速冷却して、生地を乾燥させずに冷蔵状態にする。

チルド商品の消費期限は5日あるが、できたての味にこだわり、通販では出荷日に製造。店舗販売も製造日とその翌日までに絞る。オンラインショップでは、当日9時までの注文ならば当日発送を受けられる。

ずっと**地元関西**を**愛して、****愛された**から

「豚まんはどこでもあるけれども、『できたて実演販売』のスタイルはおそらくうちだけではないでしょうか。ここは完全に差別化できていると思います。それは76年間で築き上げたもので、それをほかですぐできるかというと、ちょっとできないと思うんです」

ましてや、全国にまでこのスタイルを行き届かせるのは、さらに難しい。目の届く関西圏に絞ったから、融通が利く。

「今回、新型コロナウイルスの流行と緊急事態宣言により、誰も経験しなかった『店舗営業できない状況』になりました。そのなかで本当に助かっているのは、**地域のお客さんが551を買ってくださること**。それが一番大切なことだ

毎年7月はなんば道頓堀の神事・船渡御に参加して「大阪締め」を交わす（2020年、21年はコロナ禍で中止）

から、足元を見つめて、これからも地域のお客さんに愛されるショップを作っていきたいです」

551蓬莱で商品を買ったらもらえるおなじみの紙袋には、"551 HORAI"というブランドロゴの下に英文でポリシーが書かれており、同社が関西を訪問する世界中の顧客までも想定しているのがわかる。

「人々の食の喜びを満足させたいという私たちの熱意は永遠に続く。そのために、常に新しい味を追求していく」

まず地元関西を見据えて、豚まんを大事に作る。それがコロナ明けに訪れる日本と外国の観光客を通じて、また世界も驚かせる。

参考文献

・『タイワニーズ 故郷喪失者の物語』野嶋剛 著（小学館）

なかなか読まない紙袋の英語長文メッセージ、じつは熱い

「551HORAI」（大阪）

・「（ぐるり逸品）551蓬莱の豚まん　大阪府　鮮度第一、店で愛情も手包み」（『朝日新聞』2019年2月25日付）
・『販促会議』2020年12月号
・『衆知』2020年1－2月号
・『女性セブン』2018年11月15日号
・『dancyu』2015年5月号、2016年3月号
・『週刊プレイボーイ』2019年6月17日号
・「関西ローカルなのに知名度は全国区　「551蓬莱」が成長続ける理由」（ITmediaビジネスオンライン）
・「ニッポン・ロングセラー考　Vol.109」（「NTTコムウェア」）
・「ぼくたちのソウルフードの作り方★大阪名物「551蓬莱」の工場に潜入取材！　豚まんの美味しさに迫る！」（「OSAKA旅めがね」）
・「あえて全国進出しない！　大阪名物「豚まん」の矜持」（「B-izコンパス」）
・「関西人でも知らない551蓬莱の魅力と秘密19選」（「メシ通」）
・551蓬莱公式ホームページ

COLUMN

551HORAI

イートインの絶対王者「海鮮焼そば」

なお551には本格的なレストラン店舗、気どらないイートインメニューを楽しめる店舗があり、そちらも地元ではおなじみの存在である。

そこでぶっちぎり人気なのが、30年ほど前に登場した「**海鮮焼そば(990円)**」。**お客さんの50～60%は頼む**怪物メニューだ。

ゆで麺ではなく自家製の蒸し麺が使われており、お湯で戻して焼いて作る。麺のパリパリ感が楽しめるあんかけが効いた広東風焼そばで、豪勢にもエビとホタテとイカが入っている。

「とくにエビにはこだわります。メキシコホワイトという珍しいエビで、自然の海水で育てているため、浸透圧で成長が遅い分、甘みが出ます。殻付きで輸入しているので、エビのエキスが閉じ込められた状態でお出しできますよ」(安木氏)

3

DATA

社名：株式会社坂東太郎
本社所在地：茨城県古河市高野540-3
創業年：1975年
会長：青谷洋治
社長：青谷英将
店舗数：直営81店舗（ばんどう太郎：49店舗）、FC5店舗
社員数、従業員数：従業員約2,100名（内正社員200名）
（2021年3月時点）

ばんどう太郎

パートが女将。「地元味」に整える名物うどん

最後のお客さんは「店の全員で見送る」

茨城県を中心に、栃木・埼玉・群馬・千葉県に直営店81店、フランチャイズ5店の合計86の店舗をもつ坂東太郎グループ。

そのなかでもひときわ知名度が高く、半数以上のお店を構える中核的チェーンが和食レストランの「**ばんどう太郎**」だ。

ばんどう太郎の店舗は国道などのロードサイドに多く展開されており、郊外を走っていると、デラックスな和風家屋が眼前に飛び込んでくる。筆者も地元千葉の国道16号沿いで初めて見た、堂々たる建物の姿がいまでも忘れられない。外装・内装ともにばんどう太郎オリジナル仕様なので居抜きでは建てられず、普通のファミレスの約2倍、1億5000万円ほどの総工費になる。

その接客術はオンリーワン。その日の**最後のお客さんは**、**店内の従業員が総**

ばんどう太郎春日部店のパワフルな外観

「ばんどう太郎」（茨城）

出で見送るほどで、2012年度の経済産業省「おもてなし経営企業選」では、茨城県で唯一選定された。

そして、約100種の個性的な和食メニューで勝負するローカルチェーンだ。

このばんどう太郎、決して安くはない。本書で取り上げるほかのローカルチェーンと比べると、メニューの価格は倍近い。貧乏ライターの筆者なら、普段づかいにはやや厳しいレベルだ。

しかし、それでもお金を出したくなる付加価値が随所にある。

まずは社訓の「親孝行」にちなんで、あえて長くとった玄関までのアプローチを「親孝行通り」と名付けており、樹木や花々で季節を感じられる道すがら、家族と語りながら歩けるようになっている。

と、ここで出迎えてくれたのが「女将さん」だ。

正社員と思いきや、じつはパートの方が担当し、お店を代表する存在として客をもてなしてくれる。そのほか新人正社員らの指導なども担当する。

店内へ入ると、外装からはまるで想像できない空間を発見。

ばんどう太郎古河店より。女将さんが出迎えてくれたらラッキー

家族での来店を推奨しているばんどう太郎では、いくつかの店舗でキッズルームが設置されている。ちびっこメニューを頼むと、「お子さまは散らかすこの名人。汚れは気にせず楽しく召し上がってください」と記されたカードが手渡されるなど、心配ごとの多い子連れには助かるサービスが多い。

座席に腰を下ろすと、**水とお茶**がそれぞれよきところで運ばれてきて、2つのニーズをかなえる。水とお茶を出すタイミングは現場判断で、たとえば夏場はお茶より先に水が出たり、冬場は料理のあとに水が来たりする。

関東人に**最適化**された「みそ煮込みうどん」

そんなばんどう太郎の看板商品は、なんと言っても**坂東みそ煮込みうどん**（1265円）だ。今回は半ライスとお新香が付いて同価格のランチセットを注文した。

ばんどう太郎久喜店のキッズスペース

水とお茶がそれぞれ頃合いのタイミングで来る

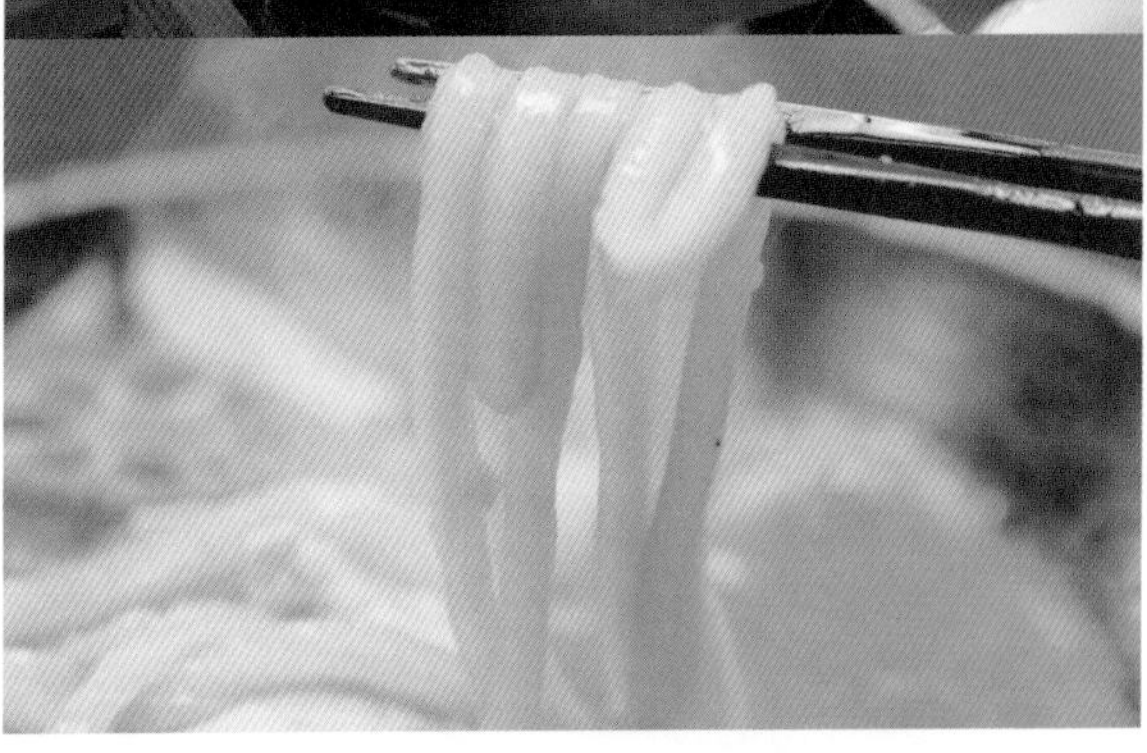

さあ、ぐつぐつと固形燃料で火にかけられたまま、香りを漂わせつつ登場する。旅館のようでライブ感満点な登場シーンがうれしい。

みそ煮込みうどんと言えば、濃い味の八丁味噌にガッチリ硬い麺を合わせた名古屋のものを連想するが、あれとはひと味違う。

麺は名古屋のみそ煮込みうどんよりやわらかいが、全国の平均的なうどんよりは硬度がある。もっちりした噛みごたえだ。

スープも名古屋風の強烈に濃いものより、いくぶん風味を丸めており飲みやすく、それでいて十分に麺や具材へ味が染み込んでいる。根っからの関東人である筆者も、抵抗なくどんどんいける味わい。

褐色のスープが「闇鍋」を思わせ、どんな具材が埋もれているのかと、掘り出し物を探すのが楽しい。白菜やネギ、コロコロ転がる鶏肉らも脇を固めて、鍋物をひとりで楽しめるぜいたく感があふれる。

茨城県特産のれんこんに加えて椎茸もあり、独身男性がなかなか食べられないような野菜中心の食材がゴロゴロ。そして、待てば待つほど熟す卵にどのタイミングで箸を入れるか。ひとり鍋奉行の判断がうまさのカギを握る。

バラエティに富んだ具材たちをスープの下から発掘するのも楽しい

坂東みそ煮込みうどんの具材は季節によって変わり、筆者が食べた際はカボチャや茨城特産の凍《し》みこんにゃくがのっていた。入れ替わりで旬な食材を入れるから飽きないし、ボリューム以上に満足できる。

店内で**1日2回精米する**ごはん

ごはんは噛みごたえのあるタイプ。そのまま食べてもいいし、みそ煮込みうどんのスープをごはんになみなみとかけて、唐辛子を振るのもなかなかだ。しっかり立った米だから、汁をかけてもハリを保つ。

米は、**「今日食べる分だけ朝夕の2回で玄米を店内精米する」**。いちレストランでは前代未聞レベルの本物志向だ。

ちなみにお新香はこのときに出るぬかで店ごとに漬けられ、それぞれ若干違った味を楽しめる。

そのお新香はみずみずしくて歯ざわりがいい。季節の野菜が漬物で提供され

店内から精米処が見られる

ていた。が、今回は生姜が一片入っているのも辛いもの好きの筆者にとって好ましく、一気に食べてしまった。

新しい鍋料理「カツ鍋」

もう一つ、みそ煮込みうどんに次ぐ人気メニューが「坂東カツ鍋セット（1529円）」である。「カツ鍋」というだけあってアツアツ状態で運ばれる。

通常のカツ丼以上に卵とじの存在感が強いうえに、大ぶりの豆腐が3つもある。シャキシャキの玉ネギと長ネギも華を添える。カツ煮をそのまま鍋にしたわけではなく、カツを中心とした新しい鍋料理を定食メニューとしていただく、オールインワン感覚のセットである。

カラッと揚がったカツとタレはクセがなく、サクサクと箸が進む。ごはんにのせて即席カツ丼を楽しむのも一興だ。

固形燃料が後半までよくもってくれて、最後までアツアツで食べられた。ク

精米で出たぬかで作る漬物は各店が味を競う

セになるうまさのみそ煮込みうどんとは対照的に、サクッと食べやすいのが魅力だ。

なぜか**パフェ**が**大充実**

このへんでデザートにしよう。

ばんどう太郎は和食レストランには不似合いなほどスイーツ類、とりわけパフェ類が充実している。筆者も冬限定のキャラメルミニパフェ※（506円）を注文し、バニラアイスとコーンフレークが合わさるヤミツキ感と、最後はコーヒーゼリーで終わるさわやかさを堪能した。

デザートはひときわ気合が入っており、メニュー開発には各部門で最多の8～9名が携わる。季節ごとの限定メニューを作るため、1シーズンで50種類もの候補を出し、そこから絞り込む。

ときには、「研究」のために都内まで足を運ぶ。たとえば「表参道から原宿をぐるっと回ろう」と決めたら、みんなで手分けして1日中スイーツを、おな

和食と洋のデザート、対照的だから欲しくなる

※キャラメルミニパフェは2020－21年冬シーズン限定品

かが苦しくなりながら食べまわってヒントを探す。

ちなみにパフェには、本社隣の自社農園で育てるオリジナルブランドいちご「坂東姫」がよく使われる。甘く大きい果実が特徴で、その日に採られたフレッシュさが格別だ。

個人的には、バニラアイス（220円）を激推ししたい。この価格で大玉2個のボリュームに、粘りのある食感で豊かなたまご風味。デザートの大定番でありながら、幸せなランチのエンディングテーマが聞こえる一皿だった。

完食。満足感に浸っていると、女将さんがやってきて「おかわりいかがでしょうか」と、新しいお茶に代えてくれた。

「裏方を表舞台に出す」オープンキッチン

食事が終わって店の奥に視線を向けると、何もかも丸見えのオープンキッチ

本社のすぐ横に農園を備えられるのも地方拠点の強み

ンがあり、席によっては調理人の一挙手一投足を見ながら食べられる。

このオープンキッチンには、「キッチンは裏方」のイメージを払拭する意図が込められている。客からは見えて安心、店員も衛生や整理整頓に気がまわる。恋人を家に招くとき、部屋を見違えるようにキレイにしてしまう感覚と同じだ。

それにしても、このなんとも個性的な和食レストランは、いかにして80店舗を超えるほどの局地的一大チェーンに成長したのか。坂東太郎代表取締役会長の青谷《あおや》洋治氏にお話を伺った。

“期待ハズレ”のデビューから巻き返した名物「みそ煮込みうどん」

まず、店舗数を大きく伸ばした原動力が、１９８５年に誕生したみそ煮込みうどんだ。

「そのために、名古屋の名店から勉強させていただきました。すごい行列で、

オープンキッチンは人通りの多い場所にあり目につく

まずこの店がなぜお客さんに喜ばれるのかを、店づくりや接待からずっとよく見て、何度もみそ煮込みうどんを食べたんです。3日目ぐらいから関東との味の違いが見えました」

そして味やサービスをリスペクトしたうえで、「ばんどう太郎らしい味」に発展させた。

「ただし、黒い八丁味噌のみそ煮込みうどんをうちで提供しても、最初は全然売れなかったんです。そこでもっと関東の味に変えました」

たしかにみそ煮込みうどんは、濃い味の多い名古屋めしのなかでもひときわ独特だ。それを関東人の舌に慣らすために白味噌をブレンドするなど1年ほど試行錯誤し、ついに売れ出した。

キッチンに入る料理人は1店舗あたり5～6人。一般的なレストランより多めに配置し、うどん専任・天ぷら専任などそれぞれに調理担当がいる。

ちなみに一見古風なイメージのばんどう太郎だが、その味は時代の流れに合わせて、少しずつ変えている。

「伝統の味を『守る』意味においては、日々時代の流れを見ながら（他社と

1代で北関東屈指の和食チェーンを作り上げた青谷洋治氏

切磋琢磨し、品質を維持しながらこつこつと変えることが肝要なのです」

たとえば、ひと昔前の関東のそば汁は真っ黒だった。しかしいまはいくぶん色が薄めで、薄口醤油を使った、濃さを感じさせない微妙な味わいが求められており、そんな現代志向に対応する。

地元民が作るから、地元民好みの味ができる

ばんどう太郎は建物こそ各店で同じ様式だが、肝心の味は地域によって微妙に変わる。

「だって栃木と群馬では人柄がまた違うんですよ。こんなに違うかっていうほど違うんです。栃木と茨城もまた違うし、千葉はもっと違う。そして味覚も違う」

一律に味を変えてはいないが、各店でお客さんから味への指摘があったときには、店長の判断で味を変えていい。

坂東太郎共育課課長の小菅泰子氏によると、茨城や栃木は濃い味が好き。埼

宮内庁御用達・カクキューの八丁味噌と白味噌をブレンドし関東人向けに

玉は若干薄味好きで、要望にこたえるうちにそんな味へ近づいていく。

「地域ごとに舌が違いますから、味が違わないとおかしいんです。それを合わせるのが店長の力量ですから、できるだけ地元の人を採用します。転勤はさせても、たとえば千葉の人を栃木にはあまり行かせません。大手さんだと関西の人が関東に来ることもあるけど、味がブレるんですよ」

なお、大手チェーンの多くが入らない「商工会」にばんどう太郎は加入している。

「地元意識をもつために、商工会へ加盟します。大手チェーンなら商工会に加盟すると、たくさんの店舗がある分会費も跳ね上がるので、めったに加盟しないんです。それもわかりますが、うちは地元の人と一緒にやっていきたい」

たとえば千葉も地元だと思って商工会へ入るし、地域の特性に応じてお店の業態を使い分けたうえで、その地へ溶け込もうとする。

「ここ20年は新しい店の入り口に、お世話になった人の名前をみんな刻んでいます。店舗を建ててくれた地元の方々とかを全部ご招待して、全員の名前を書きます」

その立地は決して一等地ではなく、まっさらな土地に店を建てる。将来的に伸びると見込んだ所ばかりだ。

同じ店に長くいる**パートだから**「**女将**」ができる

2007年5月末、ばんどう太郎全店に「**女将さん制度**」が導入された。女将さんは出迎えや見送りなどの接客で「お店の顔」となり、『質の高い安定したサービスの向上』のため、パートより推薦される。

女将さんやその妹分の花子さんの立場を任される女性たちは主婦が多く、時間的制約などから大きな責任が伴う仕事を与えられる機会は少ない。

しかしパート社員でありながら大役を務めることで、やりがいが生まれ、仕事への向き合い方が変化する。

「割烹着を着てもらって、『女将』の役割をつけたら、ガラッと変わっちゃう。

「店の10年選手」が多いパートが女将には適任

『女将』って魔法の言葉なんです。みんな最初は『女将なんていりません』って言うけど、女将の割烹着姿で『女将さん』って言われると、みんな変わりましたね」

正社員の店長は通常2、3年で他の店舗へ異動する一方で、パートとして働く女性は10年以上同じ店舗に勤めるケースも珍しくない。彼女たちが「女将さん」になることで、店やお客さんを熟知する中核メンバーになった。

さらに女将さんは、お客さんが初めて来店したときに名前や特徴、家族構成などをメモする。

2回目以降に来店した際は、名前で呼びかけ、メモした情報をもとにお客さん一人ひとりに合わせた接客をする。それがうれしくてファンになってしまうのだとか。

「女将」のモデルは、青谷会長の少年時代に近所で慕われていた大地主の奥さん

パートの「花子」が正社員の相談役に

ちなみに「花子」は、次の女将候補だ。アルバイトの学生や若い社員の相談役的存在となり、女将が不在のときは、その役職を担う。

さらに「最前線でお客さんと接している者が、メニュー開発に携わることが重要」との考えから、選抜された女将や花子はメニュー開発にも関わる。いわばパート社員にして、正社員クラスの権限をもった人たちでもあるのだ。

なお店内のアンケートに協力してくれたお客さんにクーポンを郵送するが、そのダイレクトメールには各店で働く女将の集合写真がプリントされている。顔なじみの人が写っており、手書きで書かれた宛名も相まって、むげには捨てにくくなる。その結果、クーポンの利用率がグンと高まるのだ。

与えられる役割は「女将」以外にも。「炊きたてごはん責任者」「記念写真責

古河店には50ほどの「責任者」がおり、1人が何役かを兼務していた

任者」「床ピカピカ責任者」「輝き窓拭き責任者」「電球球切れ確認責任者」など、あらゆることに責任者がいる。

責任の所在を明らかにすることでおのずとチェックする意識が働き、漏れや抜けが防げる。

社員をほめ倒す「表彰制度」

店員にとって励みになるのが「ありがとうカード」だ。

意見や要望を記すアンケートハガキは他店でも見かけるが、ばんどう太郎では、感謝の気持ちを記す専用のシートが卓上に置かれていて、お客さんもチップ代わりにサッと書きやすい。

さらには毎月「ナンバーワン表彰」が行なわれており、そこで20項目ほどある各賞が発表される。

「売上前年対比率ナンバーワン賞」「労働時間管理ナンバーワン賞」といった

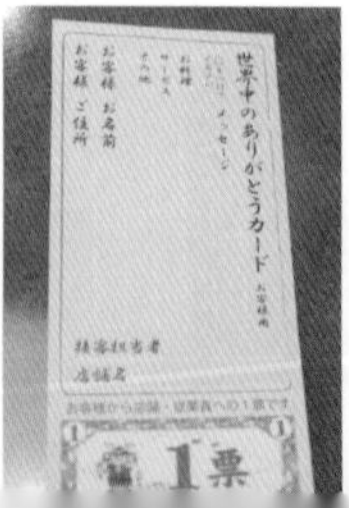

「ありがとうカード」の下部には「1票」と書かれ、さながらファン店員総選挙だ

王道から、「床ピカピカナンバーワン賞」「笑顔がステキナンバーワン賞」「親孝行賞」などの個人賞、「ありがとうカードナンバーワン賞」まである。

『坂東新聞』なる社内報も発行。メニューの販売数などがランキング化されていて、「生ビール」「みそ煮込みうどん」「月間宴会獲得数」などの獲得数が、毎月発表され、社員の達成感と競争心を刺激する。

地方の「一堂に集まれる場所」の受け皿に

「一番多い年齢層は60代前後の方なので、ほかのお店より価格帯が若干高くなります」

大家族でも一堂に集えるお店のため、しばしば3〜4世代の家族客が来店する。孫たちをもてなせる晴れ舞台にと、祖父母らが奮発してくれることも多く、1テーブルあたりの単価は上がる。

もてなす店員もシニアが多く、約2100人にも及ぶ従業員の40％ほどがシ

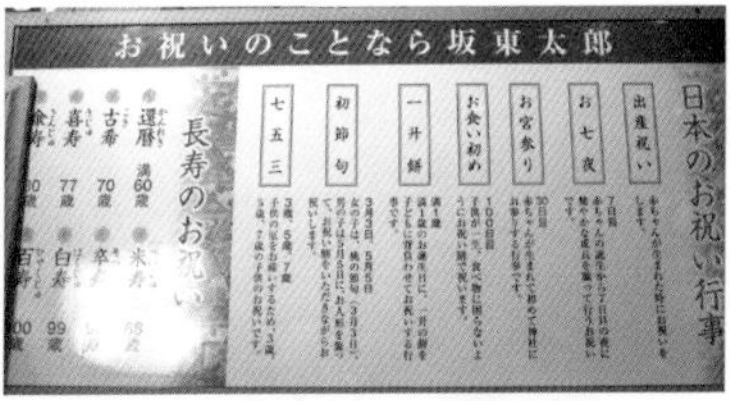

100歳（百寿）のお祝いも対応する

ニア層で、勤続20~30年も多い。70歳を超える人も多く、落ち着いた雰囲気が店内に漂う。

そんなばんどう太郎で評判なのが「**宴会**」だ。店内は個室をぶち抜いて宴会場にできる設計になっており、10名以上で宴会料理を注文すると、送迎バスを無料でチャーターできる。地方では、結婚式や葬式など親戚や大勢が一堂に集まれる料理店が減っており、ばんどう太郎が受け皿になっている。

年中行事も大きなビジネスチャンスと捉えていて、お食い初め、一升餅、七五三、長寿のお祝いや法要まで対応可能。それぞれの行事に応じたメニューが用意されている。一升餅で子どもがお餅を背負って歩けば、他のお客さんから「頑張れ」と声が飛ぶことも。

前述の小菅氏はこう語る。

「おせち料理の販売も年々増えています。行事食で一番高価なのはおせち料理なんです。でも会長はいつも、『**おせち料理を売るな**』って言うんですよ。売るんですけども、売ろう売ろうとするなって。お一人おひとりとお付き合いするなかで、『この人からだったら買ってもいいと思ってもらえる接し方をしな

祝い福来一升餅と福来袋セット（4860円）

さい』って」

おせち料理は、毎年完成までに10回ほど試食を行ない、お客さんからの意見も取り入れてオリジナル級のこだわりを詰め込む。

このおせちは茨城県境町《さかいまち》のふるさと納税返礼品にもなっており、コロナ禍の2021年は自宅で正月を過ごす人が増えたのも手伝って、前年比の注文数をケタ違いに上回った。

節分の恵方巻き販売も20年ほど続けている。

恵方巻きは業態ごとに変化をつけていて、たとえば「かつ太郎」では、とんかつ入りの恵方巻き。「焼肉ダイニング百萬」なら、豪勢な和牛カルビの恵方巻きを用意する。これらの年中行事は、店と客の交流ができる大事な機会と捉える。

「恵方巻きやひなちらし、お月見。行事にちなんだ飾りをするとか、七夕の短冊に願いを書くとか、いまの家庭ではなかなかないですから。すべてが売り上げにつながるわけじゃないんですけど、生活にちょっとした変化ができるので」

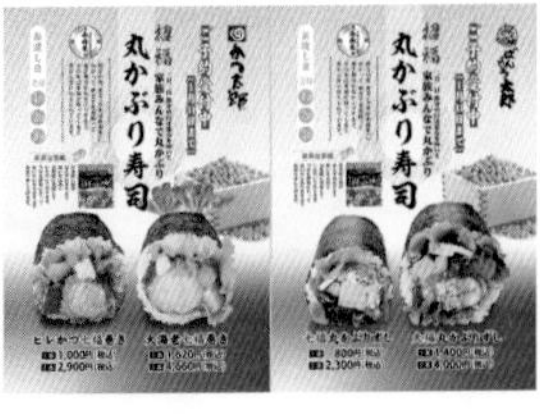

1 業態ごとに廉価版（各画像左）と豪華版（各画像右）を用意する

手作り感あるひなちらしの告知

たとえば変化のない日常を過ごす単身のお年寄りも、行事ごとに参加できる。常連でひとり客のお年寄りには、何時間お店にいても大丈夫なように比較的空いている時間帯を伝え、ときには従業員が話し相手を務める。

ひとりだけのオリジナルメニューを用意した

数年前のこと。ばんどう太郎総本店をよく利用する男性が、奥さんに先立たれてしまう。友人もいないので、そこからは毎日ひとりで来店していた。

「ご年齢的にもカロリーの高い料理を食べきれないので、**その方だけに作った独自のメニュー**をご用意し、それこそ家庭で食べるようなものを毎日召し上がってくださいました。そして、その方がとうとう亡くなられたとき、親戚の方がまずうちへ訃報を教えてくれたんです。店の者もお線香をあげに行きました」

マニュアルがありながら、マニュアルを超えた接客が許されるばんどう太郎

ならではのエピソードだ。

ある障害者への対応も、従業員の機転が功を奏した。

「ペーストじゃないと料理を食べられない方がいらっしゃって、うちのメニューをペーストで提供しても、本当にお客さんに喜んでもらえるだろうか……って。店長以下のみんなで知恵を絞りました。だったら、通常お出しする完成品をまず見せようと。『こちらが天丼です。いまからペーストします』って。そしてエビはエビ、ごはんはごはんと、みんな味を別々にして持って行ったら、喜んでくれました」

最初に「社長面接」

ばんどう太郎では、毎朝開店前に皆が店先に整列し、一礼、気を付け、黙想、発声練習を行ない、「親孝行・人間大好(き)」の社是を、思い切り大声で唱和する。身だしなみのルールもあり、髪の毛を染めるのはNG。「どんなにいい子でも、外見で判断されてしまうのは悔しい」と、親心のような思いから来ている。

ここまで読んできてうっすら伝わっただろうが、一種の意識の高さが求められる会社だ。社風に合う人・合わない人が出るだろう。適性も含めて、理念に共鳴できるかどうかが問われる。

そこでばんどう太郎では、**最初に社長が学生を面接する。**1人につき30分から1時間。「学生は就職活動で、人生における重要な選択をしている。早い段階で社長と会うほうが、お互いに時間をムダにしなくて済む」と考えるからだ。「お互いに何かしら共通する理念やロマンがなかったら、そもそもその会社に入るべきじゃない。納得して会社へ入ってもらうために、はじめに社長が会う」

だから「ここだけが会社ではないから、他の会社のほうがいいですよ」と正直に伝えることもある。その人にぴったりの人生を歩んでほしいのだ。

早世した小川清四郎さんをメニュー名に

茨城をはじめとした北関東ではおなじみのばんどう太郎だが、都内に1店もお店がなく、逆転の発想で「東京から人が来るお店」をめざしている。

たとえば新業態の「坂東離宮」や「八幡太郎」は、高速道路のインターチェンジから数分の立地を実現し、高速を使って遠方から来る県外のお客さんが増えた。地元にいながら、東京の大きなマーケットを獲得する準備が進む。

同時に、東京への進出も視野に入ってきた。

2010年代半ば、茨城のアンテナショップ・茨城マルシェを坂東太郎が運営しており、当時は都内でも坂東みそ煮込みうどんを食べられた。

近年では「みそ煮込みうどん専門店」を皮切りに、本格的に都内進出をはかる計画がある。

「ただし、違う県に入るのはすごく慎重に。東京は海外へ行くより大変だって

茨城県境町の高級業態「坂東離宮」

重ね味
みそ煮込みうどん
名物
ばんどう太郎

くらいに考えないと、入っちゃいかんと思いますね」

そんな青谷会長がどうしても忘れられないのは、営業部長の小川清四郎氏だ。彼はメニュー開発の中心人物でもあり、数え切れないほどの料理を青谷会長とともに作った立役者。気がつくと、誰もいない会長の自宅でご飯をひとりで食べていたほどの仲だった。

「小川は命をかけて、うちをつくってくれたんですよ。季節ごとのメニューを作り終わって、次の日に亡くなったんです。いまでも命日になると、追悼で人が集まります」

その功績をたたえて、グループレストランの一つである「八幡太郎」に、「**小川のせせらぎ**（**5060円**）」を作った。小川氏がばんどう太郎のメニューに残した粋が込められたかに会席だ。

「私らの青春ですから、彼のメニューを残してあげようって。彼の考え方を次の人に恩送りすることが、100年も200年も続くことにつながるんでね」

いまでは小川氏の指導した面々が、メニュー開発の先頭に立って奮闘する。

群馬県館林市の八幡太郎のメニューにある「小川のせせらぎ」

ばんどう太郎の屋号は、関東一の大河・利根川の異名から来ている。そこへ流れる源流のように、「小川のせせらぎ」は名を残す。

ばんどう太郎を「地元」だと思ってほしい

「時代、雰囲気、流行で変わるものと変わらないものがあります。変わらないものがばんどう太郎はよその会社よりちょっと多いのかもしれません。大事にしたいですね」

そんな、古風な空気が流れるばんどう太郎だが、長引くコロナ禍で、いままで前面に出ていなかった通販サイトへ本格的に乗り出した。店頭でリーフレットを配り、卓上にも二次元コード付きのパンフレットを置いてアピールする。

支払いもクレジットカード決済が新たにできるようになった。さらには贈答での利用も想定しており、経営理念である「親孝行」に使ってもらえるようにしている。

店舗にあるオンラインストアの広告。テレビCMでもPRした

地盤であるホームタウン・茨城への「孝行」も忘れない。

全店のお米は地元の茨城産から味で選んだ、常陸大宮《ひたちおおみや》市の契約栽培米のコシヒカリを使い、その仕入れ値は相場より高くする。お店でもむやみに安くせず適正価格で提供して、自社だけでなく、地域一丸となった成長を考えている。

さらに前述の新業態「坂東離宮」は、青谷会長が創業の地への恩を返す意味で、あえて人口の少ない茨城県境町に出店して原点を見つめ続ける。

アフターコロナのばんどう太郎は、変わるものと変わらないもので勝負する。

「ばんどう太郎は『俺たちの地元』だと、思ってもらえるような店でありたいんです」

「ばんどう太郎」（茨城）

参考文献

・『親孝行、人間大好き 坂東太郎、毎日が本気』福嶋美香 著（飛鳥出版）

・『坂東太郎の親孝行・人間大好き（part2）』福嶋美香 著（文々社）
・『日経MJ』2011年11月11日付、2019年4月10日付
・『日本経済新聞』2002年10月5日付
・『日本経済新聞電子版』2020年3月3日付
・『読売新聞』2013年10月13日付
・『日食外食レストラン新聞』2006年11月6日号
・『日経レストラン 増刊号』2014年5月25日号
・『日経トップリーダー』2013年11月号
・「【知恵の経営】「女将」が支えるレストラン　アタックス研究員・坂本洋介」（「Sankeibiz」）
・「ばんどう太郎　味噌煮込みうどん皮切り　オンライン販売を強化
生食パンや高級イチゴも」（「茨城新聞クロスアイ」）
・「ふるさと納税返礼品〝おいしい体験〟とは？」（「日テレニュース24」）
2020年11月9日
・「株式会社坂東太郎『女将さん、花子さん』の存在でスタッフの士気向上」
（「経済産業省ミラサポplus」）

「ばんどう太郎」（茨城）

・「女将のいるファミレス『ばんどう太郎』に老若男女が集まる理由」（「MAG2NEWS」）
・【オーバーロクマル世代応援企業】従業員の4割がシニア「お客様の〝心の満腹感〟が喜び」（「zakzak」）
・『カンブリア宮殿』（テレビ東京系）2014年2月13日
・ばんどう太郎公式ホームページ

COLUMN

悩む社員を察知し「自宅に泊める」

ばんどう太郎

ばんどう太郎古河店。田園風景で存在感が際立つ

入社を選んだ者たちの姿は、その後も見守る。

青谷会長はたびたび各店舗へ足を運び、全員に「ありがとう」と声をかけ、握手する。握った手の感じで「いつもと違う」と察知し、悩みがありそうな従業員には声をかけ、ときには自宅へ泊まらせる。

そして長らく開催する「社長塾」。社長と従業員たちが会議室のテーブルといすをすべて取り除き、ゴザを敷いて語り合う会だ。毎回、パート・アルバイトから幹部社員まで任意に参加し、目標や悩みについて打ち明けて、社長がこたえる。ちょっとむさ苦しいぐらいに人とふれ合い、トップとの距離が近い会社だ。

店内に写真が掲示される店長・女将・花子。それ以外の全従業員も社長塾に参加できる

DATA

社名：株式会社おにぎりの桃太郎
本社所在地：三重県四日市市
久保田1丁目6-54
創業年：1976年（出店開始は1975年）
会長：上田輝一
社長：上田耕平
店舗数：16店舗
社員数、従業員数：
従業員約160名（正社員13名）
（2021年7月時点）

4

おにぎりの桃太郎

「雨で当日キャンセル無料」コンビニと喧嘩しないおにぎり

「3000万円巨大桃太郎人形」が シンボルのおにぎり店

全国、いや三重県民ですら知らない人もいるが、四日市の市民なら誰もが知る局地的チェーン店がある。

その名も「**おにぎりの桃太郎**」。1975年に寿司屋の玄関横でわずか1・5坪の店舗から始まり、いまや四日市市に14店、その近郊の桑名市に1店、菰野《こもの》町《ちょう》に1店を構える。主力商品は「おにぎり」だ。

多くはこぢんまりとした店舗で営まれ、建物のイメージカラーはオレンジ。

店頭では、おにぎりをパクつく桃太郎人形が出迎える。

店内はおにぎりや惣菜、弁当や和菓子が所狭しと並べられ、その一つひとつが几帳面に個包装されている。普通は個包装されないような、コロッケやだし巻玉子も例外ではない。

1975年に当時の母体「有限会社すわ寿司」が出店した1号店。寿司屋前の小さな店から始まった

店頭に置かれた桃太郎人形が目印。コロナ禍ではマスク姿に

「おにぎりの桃太郎」（三重）

商品はテイクアウトのほか、店舗によってはイートインスペースでも食べられる。

従業員の多くは50代以上の女性で、なんだか安心。店内はAMラジオが流れ、個人商店のような雰囲気が漂う。

そんなおにぎりの桃太郎には、とんでもないヤツがいる。

1988年に建てられた本社屋上には何やら大きな桃があり、中から「**巨大桃太郎**」が出てくるビックリ仕様。その**総工費は3000万円**、バブル期の残り香を感じる、四日市のランドマークだ。

童謡・桃太郎のBGMにのせて、おにぎりをパクつく桃太郎が悠然と姿を現し、思わず旅の疲れも癒える。

仕掛けは毎日8時、10時、12時、15時、17時の5回作動する。

8時に始業し、10時に休憩、12時に昼食をとり、15時に休憩、17時に終業する建設現場の区切りと一緒で、桃太郎のせり上がりを見て来店した作業員も多

旧本社があったおにぎりの桃太郎西浦店

おにぎりの桃太郎本町店

いはず。

1番人気のおにぎり「味」って何だ？

ここの1番人気のおにぎりが「味（170円）」だ。

具体的な具材の名前ではなく、ただ一文字「味」とだけある。何やらミステリアスなそのベールを剥《は》がそう。

包装フィルムをめくった途端にいい香りが漂う。モッチモチで粘りのある気持ちいい食感で、大ぶりのシイタケや鶏肉がアクセント。「味」という名の通り、冷めても味が染み出て、口に入れている間はずっとうれしくなるようなおにぎりだった。

全国的には「混ぜごはん」と言われるものだが、関東で食べるものより若干味は濃い気がする。

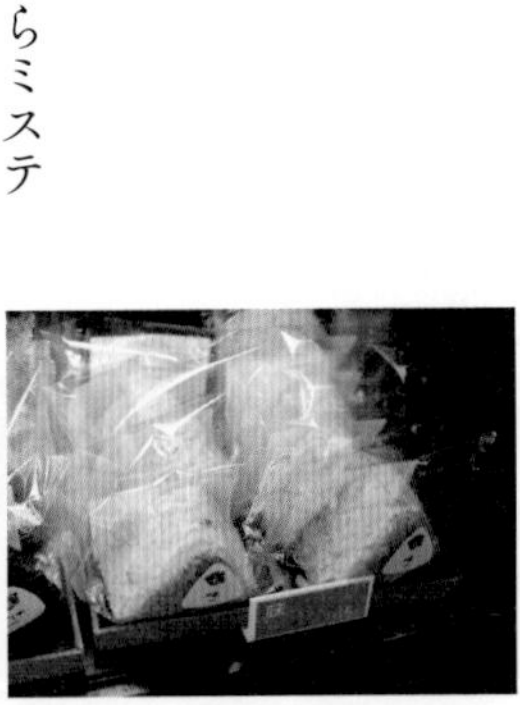

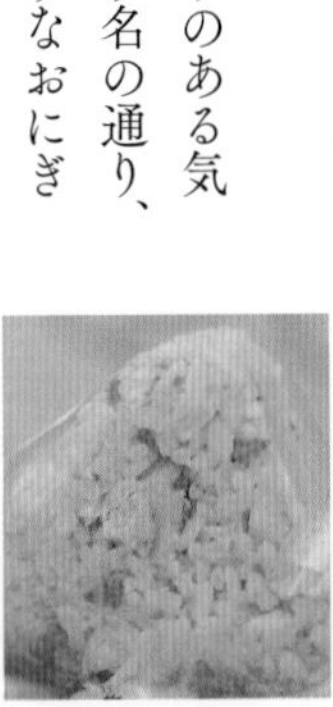

1番人気「味」はその名の通り噛むほどに味わいが楽しめる

上／おにぎりの桃太郎本社。ビルの上になにやら桃が
下／1日5回、BGMとともに桃が割れて巨大桃太郎現わる

このほか、四日市も属する三重県北勢《ほくせい》地区のローカルフード・あさりのしぐれ煮をおにぎりにした「しぐれ（160円）」がある。

海苔はコンビニおにぎりによくある「パリパリ」ではなく、しっとりタイプ。青のりが香ばしく、甘塩っぱい味付けのあさりが、みっちり詰まっている。弾力性のあるごはんとともにしっかり噛めば、海の香りが鼻に抜けた。

おにぎりは一見小ぶりだが、厚みがあるので見た目以上のボリュームがある。冷蔵せずに常温で保存されるから、炊いたときのごはんの味わいや食感をキープしやすい。

おにぎりとくれば、付け合わせたい玉子焼き。「だし巻玉子（120円）」は、焼き味の香ばしさとすっきりした後味が特長で、関東風のほのかな甘さが楽しめる。

いよいよ汁物も欲しくなったときは、「うどんランチ」だ。平日の11〜14時限定で、2種のうどんが320円〜になるサービス。

うどんとおにぎりを交互に行き来して、ささやかで幸せな昼食を味わう。

デザートには東海地方で愛される和菓子「鬼まんじゅう（143円、9〜11月

三重の郷土料理・あさりのしぐれ煮がたっぷり

だし巻玉子は関東風の甘いタイプ。千葉出身の筆者はホッとする

の期間限定）」もいい。蒸しパンを彷彿とさせる食感とおいしさだ。

コンビニエンスストアより高いおにぎりを売り続けて、四日市でゆるがぬ地位を確立した、株式会社おにぎりの桃太郎。ここには「**雨の日、当日6時以前なら、最大1000人前の予約でもキャンセルOK**」なんてサービスまであるそうだが、そんなことして大丈夫なのか。

代表取締役社長・上田耕平氏にお話を伺った。

保存料なし。消費期限当日限り一本勝負のおにぎり

あらためて人気メニューを教えてもらおう。

「おにぎりだと『味』が1番人気です。2番人気が王道の『さけ』、差が開いて、『焼たらこ』『ツナマヨ』の順番ですね」

1番人気の混ぜごはんならぬ「味」は、**上田社長の祖母による四日市伝統の**

天かすと梅干しがのった「桃太郎うどん（通常価格385円）」を選んだ

「角切りのさつまいもが金棒や角に見える」が語源とされる鬼まんじゅう

甘辛く濃いめの味付けが受け継がれる。

「お惣菜の1番人気はだし巻玉子で、2番人気は『おかずパック（200円）』の洋風・和風です。予約注文が多くて、どちらもおにぎりの付け合わせにバッチリです」

肝心かなめのおにぎりはどう作るのか。

「まず濾過《ろか》した水を使い、ごはんを炊きます。かまどの火力を実現すべく、都市ガスより強力なプロパンガスを使いますね。通常の2倍以上の火力があるハイカロリーバーナーにより炊き上げます」

約20分蒸らしたあと、攪拌《かくはん》ホッパーでお米とお米の間に空気を入れながらかき混ぜる。そのほぐし作業では塩をまんべんなく振りかけ、ごはん全体に塩が行き渡っていく。

「ごはんは水冷の大きなドライヤー『シャリクーラー』にかけて一気に冷まし、うま味を閉じ込めます。それをすぐに機械へ通しておにぎりにして、個包装しますね。長く外気にさらさないように心がけます」

2019年に社長を引き継いだ2代目の上田耕平氏

おかずパックのなかでも人気の「洋風パック」

人肌に近い温度は細菌が繁殖しやすいため、すばやく30度以下にしたら、常温保存で食感をキープする。保存料は不使用のため、消費期限は当日限りの一本勝負だ。

不動の人気メニュー、だし巻玉子はフライパンで手焼きする。

「だし巻玉子職人の2名が、それぞれ6枚ずつ銅製の**名古屋型、横長の大きなフライパンで、20年ほど毎日焼き上げてきました。**1日中こればかり作るので、相当な腕前です。ずっと同じペースで焼き続けないと焦げてしまいますから、普通の人じゃ音《ね》を上げますね。一つが焦げたらすべての火を止めて、フライパンを洗い直さないといけませんし」

そこまですれば、食べる側もありがたみが増す。

本社のセントラルキッチンでストイックに焼かれ、1日冷蔵庫で冷ましたのち、手作業らしからぬほど機械的に整えられただし巻玉子は、ピロー包装して朝の1便で全店に出す。

ごはんと塩を攪拌し、粗熱をとったもの

下の引き出しから、ごはん（右画像）をシャリクーラーに入れる

「名古屋型」と呼ばれる横長のフライパンで焼く（下）

季節限定メニューを変えたら、クレームが来た

お客さんが心待ちにするのが季節限定メニューだ。花見や母の日などにちなんだメニューがたくさんある。

たとえばおにぎりは、春の「竹の子」から秋の「きのこ」までさまざまだ。

「うっかり変えると、お客さんから『**毎年楽しみなのに勝手に変えないでよ**』って怒られるんですよね（笑）」

たしかにマクドナルドも秋の月見バーガーをなくしたら、暴動が起きかねない。そんな季節限定品でとくに人気なのが、9月恒例の「栗赤飯おこわ弁当」だ。

「栗赤飯は3年前くらいに出したら、月替わり弁当の販売記録を更新したんです。友人から『赤飯に栗が入ったらうれしい』と聞いたのがきっかけでして」

お客さんやまわりの声をヒットにつなげる。

ちなみに弁当のごはんは通常で250g、月替わり弁当以外は「無料の大盛

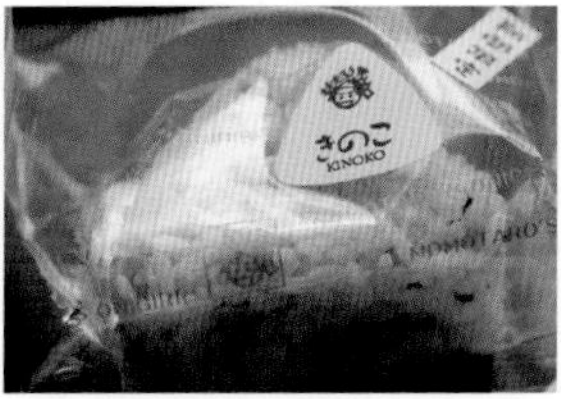

2020年10月発売時の「きのこ」（当時165円）は椎茸、舞茸、エリンギ、しめじなどが満載

りサービス」で300gになる。＋30円の特盛りで350gだ。ごはんはその場で釜から盛りつけ、コンビニ弁当に差をつける。

筆者も2月限定の「ひじきごはん弁当（600円）」を食べた。玉子焼き、インゲン、里芋など家庭的な食材が彩りよく入っており、500kcalを切るヘルシーさで、ご高齢でもペロリといけそうだ。

おにぎり屋に「オシャレ」はいらない

「最近のレギュラーメニューでおもしろいのは、『七味キンピラマヨ（170円）』でね。うちのお客さまは年配の女性が7～8割なんで、ハズすかなあと思ったら、ヒットしました」

半ばハズすと予想しながら新商品を出す謎の勇気は気になるが、あふれんばかりのマヨネーズに辛味が加わり、キンピラが脇を固めるチャレンジングな一

500kcal以下だが多品目で満足できるひじきごはん弁当

大人から支持される七味キンピラマヨ。強烈

品だ。

しかし、それは希有《けう》なヒット例。おにぎり業界は変わった商品をどんどん出しても、なかなか流行らないのが常という。

「だっておにぎりの具材でも、直近で市民権を得たのは『ツナマヨネーズ』ですよ。レギュラーになったのは、20年以上前の話です」

たしかにツナマヨですら、筆者が最初に食べたときはショッキングだった。次に食べるまで、数年間空いたほどだ。

「やっぱりさけや梅干し、昆布。絶対王者たちに割って入れるスーパールーキーは少ないんです」

さらに、オシャレなおにぎり屋は長続きした試しがないという。

「ヘビーユーザーがつきづらいですよね。結局人気なのは『おにぎり権兵衛』さんとか。どことなく田舎の香りがする、古くからの日本の食文化がおにぎりなので」

オシャレとは対極にあるおにぎりの桃太郎。支えたのは、**四日市の市民性**だ。

子ども人気の高いツナマヨ（160円）

季節ごとの俳句が飾られる店舗も。「冬木立 この店さえも 消えゆくか」？

「おにぎりの桃太郎」（三重）

「四日市はカフェが多いんですけど、いぶし銀で昭和感たっぷりの喫茶店も残っていて、若い女性も愛用します。オシャレなだけの街じゃないから、桃太郎は生きられました」

「当日雨キャンセルサービス」ができるワケ

おにぎりの桃太郎にとって予約客を獲得する原動力が、「当日雨キャンセルサービス」だ。イベント当日、朝6時までならキャンセルOK。運動会などの野外イベントでは強い味方だ。

「『天気は微妙やし、キャンセルしたらお金かかるし』って困っているお客さんを見て、当日朝6時までやったらキャンセルできるサービスを始めたんです」

しかし、お店は予約分の食材を発注しているだろうし、お米だって炊くはずだ。なぜこれで商売が成り立つのか。

駅前には1杯170円のコーヒー店が。関東以外は3店しかないドトールコーヒーの原点「カフェコロラド」の貴重な1店もある（2021年5月現在）

「やるほうは大変でして（笑）、毎回賭けなんですよ。私も深夜の製造にまで立ち会いますね」

仮に1000人分もの注文を受けて、天気の判断がつかないときは？

「ほんとに天気がわからん場合は、現地の土が乾いているかどうか触りに行きましたね」

さすがにいまは、天気予報でおおよそ予測できる。

「それでも1000人前クラスになると、作るのを決断してから、フル稼働で4時間はかかるんです。なので、お米は半分炊いておく。『いける！』となったら残り半分を一気に炊きます。ごはんを炊く部隊と、もう半分炊いたのをおにぎりにする部隊、おにぎりを袋詰めする部隊、それをボックスに入れる部隊、みんなが大車輪の活躍で間に合わせます」

読みが外れ、とんでもないキャンセルで泣きを見ないのか。

「**雨の日キャンセルサービスをやり出して20年以上、大きなキャンセルはないんですよ。**天気も味方してくれているのと、思わぬ悪天候にたたられても、『せっかく作ってくれたんで、お弁当だけ配ります』と引き取ってくれたこともあ

工場の炊飯・おにぎり成形エリア作業風景

ります。お客さまに助けられていますね」

たしかに、地元でなじみのある従業員たちが夜中から弁当を仕込んでいるなら、彼らの顔がよぎる。

「作る人の顔が見えるのは、本当にうちの強みです。たとえば私の同級生のお母さんがシフトに入ってくれることもありますし、お客さまも従業員も、顔なじみですから」

「売り切れ」で年間約５０００万円を取り戻す

店に漂う牧歌的な空気とは裏腹に、合理化策には目を見はる。

「２００７年から、５０００万円するＮＥＣのＰＯＳシステムを導入しました」

このシステムには、Ｗｅｂカメラで従業員を監視できる機能が搭載されていた。しかしあまりサボるスタッフはいないとわかったので、最近は商品棚にフォーカスし、在庫の切れそうなおにぎりをあまっている店から回せるようにし

すばやく個包装する

たところ、廃棄ロスが減った。

四日市界隈へ集中出店したからこそなせるワザだ。

さらに、大きな決断をした。

「先代は、どの店にも閉店まで全種類のおにぎりを置くのがポリシーでした。でもリーマン・ショックから、売れ残りばかりで7年連続の赤字になりました。だからもう、**売り切れが出るのは仕方ない**と割り切ったんです」

そこから廃棄による年間約7500万円のマイナスを2000万円台まで下げて、一気に黒字化、V字回復を果たした。

「今後はさらに廃棄率を下げたいんです。そのために、地元の百五銀行らに協力を仰いで『AI導入』を検討しています。たとえば、AIでお客さまの顔を覚えて、どんなご来店頻度で、どんな商品を買ってくれるかわかれば、『この店にはこのおにぎりをこれだけ置けばいい』と調整できますから」

17時を過ぎたらタイムサービスで160円以下のおにぎりが110円均一、161円以上のものが155円均一になる

コロナで功を奏した「何でも個包装」

2020年春、堅調な商売を続けていたおにぎりの桃太郎に、新型コロナウイルスが立ちはだかった。

「イベントが軒並み中止。うちの収入の2割を占める『予約注文』が激減し、前年比の20%まで落ち込みました。だいぶ痛かったですけど、テイクアウトがその分をカバーしてくれたんです。お客さんが『桃太郎のものは安心やから』って」

全体の8割を占める店売り分は、前年比90%以上の売り上げを保っている。功を奏したのが、2005年から導入したピロー包装だ。

それまでは、商品がむき出しの状態で並べてあったが、水分をキープするために、あらゆるアイテムへのしっかりとした個包装を実現。コロナ禍の安心にもつながった。

団子もいなりも個包装する

緊急事態宣言が明けた2020年6月。地元四日市に本拠を置き、おにぎりの桃太郎も協賛する女子ラグビーチーム・パールズの選手たちに、伊勢うどんのたれで作った「**頑張ろう唐揚げ（160円）**」を売ってもらった。

基本2個で、たまにラッキーで3個入っている、遊びゴコロある一品だ。

「コロナで四日市全体がどんよりしていたから、唐揚げで元気つけようよって。僕もラグビーをやっていまして、高校の恩師だったパールズのGM・齋藤久《ひさし》先生にご協力いただきました」

ちなみに「頑張ろう唐揚げ」の効果があったか知らないが、その後パールズは全国選手権で日本一に輝いた。

コシヒカリから、**三重県産・結びの神**へ

いまやおにぎり界を牛耳《ぎゅうじ》るのはコンビニだ。価格、種類などでコンビニおにぎりの存在は脅威である。

「コンビニの台頭で多少の影響はありましたが、そもそも客層が違うんです。『やっぱり桃太郎のおにぎりじゃないと』って思ってくれるお客さまのために、そう確信できる商品を出したいですね」

だから攻める。

2020年11月1日に手握りのお店「ももたろうの里」をリニューアルオープンした。**チェーンで唯一、人の手で作るおにぎりとだし巻玉子が味わえるプレミアムな業態だ。**

おにぎりの桃太郎では、粘り強いコシヒカリとサラッとしたキヌヒカリの7対3のブレンド米を長らく使った。

だが、「ももたろうの里」のリニューアルをきっかけに、三重県の銘柄「結びの神」に統一する。粒が大きくて、もちもち感がありながらベタつきが少なく、おにぎりにピッタリだからだ。2021年度中にすべての店舗でお米を結びの神に代える予定である。

試しに、結びの神のおにぎりを食べてみると、一つひとつお米がしっかり立

シックな見た目の高級業態、ももたろうの里。桃太郎人形は健在

お米はすべて三重県産「結びの神」に統一する

っていて、お米を食べている実感のある歯ごたえだった。

「いつか地元・三重県のお米に統一したかったんですが、望みがかないます」

432円のいくらおにぎりで勝負

ももたろうの里で新発売された勝負メニューが、絶品チーズバーガーならぬ**「絶品こぼれいくら」**だ。そのお値段、432円。

「いくらの高騰で、いくらおにぎりの販売を中止していたんですが、どうしても食べたいとのお声を多くいただき、復活させました。ただ、いままで通りのいくらではなく、せっかくだから最高級で大粒の北海道産を使おうって」

おにぎりでは異次元レベルの400円超え。しかし、久保田本店のテストでは連日10個がすぐ完売した。

食べてみると、大ぶりでたっぷりのいくらが文字通りこぼれる。握りたての白米とともにかみしめながら、最後には下にこぼれたいくらをいっぺんにすす

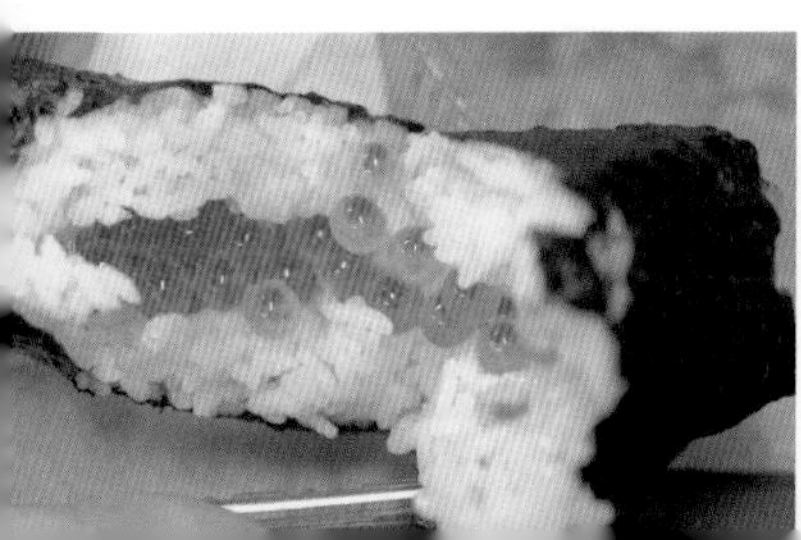

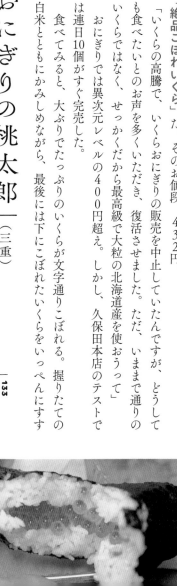

る悦楽。432円は二の足を踏む価格だが、人はいいことがあったときにでも、ぜいたくをしたくなる生き物なのだ。

ほかにも、100g以上の分厚いさけがのる「銀鮭の塩焼き弁当」は770円と高価だが、売れ行き好調。「うちのお客さんはいいものなら買ってくれる」と、自信をつかんだ。

「誰でも作れるおにぎりで今後も商売を続けるには、ホントに価値あるものでなければ生き残れないと感じたんです」

それでいて55円の野菜コロッケなどの廉価メニューも売り続け、庶民とつないだ手は決して離さない。

四日市から**出ない**のは**「裏切りたくない」**から

おにぎりの桃太郎は、なぜ地元の四日市周辺にしか出店しないのか。

銀鮭の塩焼き弁当。ごはんは釜から後のせする

「うちの商品は保存料を極力入れないので、コンビニみたいに日持ちしません。そもそもおにぎりは腐るんです」

だから新鮮に食べてもらえる地元へ集中するのだ。

「うちの1番人気『味』の味付けをした祖母が、**『食べ物屋とおできはおっきくなったらつぶれるぞ』**と生前よく言っていたんです。『四日市のお客さまにこれ以上はないって思ってもらえるぐらいの店にしてから、出てったらいい。ただ、その前に出てったら絶対につぶれるぞ』って。納得できましたし、いまの形では他の地域へ店舗展開はしません」

今後の目標は何か。

「先代の父親がインスピレーションを受けたハワイで、おにぎりの桃太郎を出したいです。父がハワイでマクドナルドと出合って、『日本のハンバーガーは、おにぎりや』と思い立ったのが、誕生のきっかけですから」

たしかに、ハンバーガーとおにぎりはワンハンドで食べられる、似た立ち位置のファストフードだ。創業者の父・上田輝一会長はハワイへ出店する夢をも

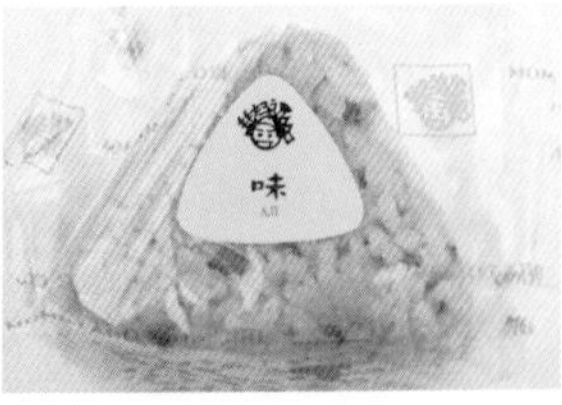

1番人気「味」を生んだ祖母の言葉通り地元の味に

「おにぎりの桃太郎」（三重）

っていたが、かなわずじまいだった。子どもの耕平氏が、父の夢を実現する。

「手作りの『ももたろうの里』のお店がパッケージとして出来上がったら、海外に挑戦する気はありますね」

海外へ飛び出すローカルチェーンは少なくない。たとえば味千《あじせん》ラーメン（熊本）、8番らーめん（石川）、こだわり麺や（香川）がある。

「地元を裏切りたくないんです。大商圏の名古屋に出ても、四日市の人からしたら、しらけるかなって。なので、日本国内では四日市でしかやりません。ローカルチェーンが全国より海外に行く理由は、絶対にそれがあると思います」

日本での「ここだけの店」を守ったまま、世界へ飛び出す日が近づく。

地元と弱い立場の人を向くお店に

桃太郎人形の視線には、いつも四日市の街がある。そんなおにぎりの桃太郎

旧本社のあった西浦店の創業時

は、どんなお店でありたいか。

「地元で愛されて、社会的な立場の弱い方が安心して働ける店です。うちの専務・上田日出子が私の叔母なんですけれども、彼女は女性が安心して働ける環境を作ってきたんです」

じつはあの巨大桃太郎人形も、「多くの女性や子どもたちに利用していただき、支えられた。**恩返しで喜んでもらいたい**」という日出子専務の提案で、誕生した。

その思いは実って、いまでは地元の幼稚園、保育園の園児らの散歩コースになり、隣接する病院の入院患者の癒しにもなった。

「あと、私の兄がダウン症なんです。兄はよその作業所で軽作業をしているんですが、いつかは一緒に働けるようにできれば」

従業員募集にも「年齢性別国籍不問」と書いている。16歳から80歳超の大ベテランまで働くおにぎりの桃太郎は、ますます地域になくてはならない存在になる。

「おにぎりの桃太郎」（三重）

「おにぎりの桃太郎を、**四日市のソウルフード**だって言ってくれる人もいるんです。やっぱり嬉しいし、誇りです。絶対に守って、発展しなきゃいけないですね」

筆者が四日市を離れる日。閉店の20時が近づき、あわてて久保田本店へタクシーを飛ばして最後の商品を買いに行ったが、すでにほとんど商品はなかった。コロナ禍でも、おにぎりの桃太郎は繁盛していた。

閉店間際の久保田本店

参考文献

・『毎日新聞』２０２０年10月24日付
・『日経トップリーダー』２０１３年11月号
・『よっかいちａｉ』２０１５年２月号
・『文化展望・四日市』第37号

「おにぎりの桃太郎」（三重）

- 『理念と経営』2020年1月号
- 「三重県四日市市を中心に展開する『おにぎりの桃太郎』全19店舗にNECインフロンティアのフードビジネストータルソリューション『FoodFrontia』を導入」（「NECプラットフォームズ」）
- 「がっちりマンデー!!」（TBSテレビ）2018年11月11日
- おにぎりの桃太郎公式ホームページ
- おにぎりの桃太郎旧公式ホームページ
- おにぎりの桃太郎公式インスタグラムアカウント

COLUMN

店内BGMがAMラジオの理由

おにぎりの桃太郎

店内にはラジオ専用機があった。エスカーラ店には市価5000円台でなかなかの機種が

　おにぎりの桃太郎では、店内でAMラジオを流している。

「おにぎり屋に『オシャレ』はいらないです。うちでは母ちゃん・ばあちゃんくらいの従業員が、お客さまに『おはよう』『頑張って』と家族のように接します。『あそこのおばちゃんへ会いたい』ってお客さまもいますから、アットホームなAMラジオで、従業員がかけたい局をかけます」

　たしかに、AMラジオには庶民の生活感がある。筆者のようなラジオ好きは店へ行く楽しみが増えるし、従業員と会話のきっかけになりそうだ。

四日市駅から最も近い「おにぎりの桃太郎エスカーラ店」

ちなみに、本店限定で提供されているお徳用の「だし巻切り落とし（115円）」を販売。ちらし寿司やサラダにも

5

ぎょうざの満洲

「売り上げ4割がレジ横冷蔵庫」3割原材料費の埼玉発中華

DATA

社名：株式会社ぎょうざの満洲
本社所在地：埼玉県川越市的場新町21-1
創業年：1964年
社長：池野谷ひろみ
店舗数：100店舗（2021年7月時点）
社員数、従業員数：社員390名、クルー1,568名（2021年4月時点）

埼玉の駅前にいる守り神

埼玉県民には守り神がいる。ロードサイドを守るのが「山田うどん」ならば、駅前の守護神が「**ぎょうざの満洲**」だ。

埼玉県内の駅近くなら、いたるところに存在する中華料理チェーン。最近では東京の西部にも進出しており、以前住んでいた高円寺の店には筆者も通った。家賃の上限は1坪2万円。既存店の売上高が前年を下回ったら、翌年は出店を抑える。そんな堅実な経営をモットーとして、直営100店舗にまで勢力を伸ばしてきた。

東日本大震災後はリスク分散の観点から関西にも進出し始めているものの、いまだ埼玉を中心としたローカルチェーンの性格が強く、「**3割うまい!!**」などと、謎のキャッチフレーズをつぶやくポップなキャラクターが出迎えてくれる。

全面ガラス張りで飾り気がなく、誰を拒むこともない店構え。店内の雰囲気

「心の準備ゼロ」で入れる雰囲気

「ぎょうざの満洲」(埼玉)

も、たとえジャージ姿でも浮かない包容力を醸し出す。デメリットは、国会議員の会食には使えそうもないことくらいだ。

オトコ臭さは薄く、女性ひとりでも気兼ねなく入れる。だから女性客をよく目にするし、男女の来店数が半々くらいの店舗もある。

うれしいのが、忙しそうな店員さんを呼ばずとも、全席タッチパネルで注文できる手軽さだ。全席に水のピッチャーも置いてあるので、「水ください〜!」と声を張らなくてもいい。

調理場は丸見えなので、店側はおのずとクリーンな状態をキープするし、接客係がどこにいてもお客さんが見えるように、**店内の要所に鏡がある。**

噛むたびに快感な餃子

「ぎょうざの満洲」の屋号通り、看板メニューはなんといっても**焼餃子**(6個250円)だ。

まず箸で持ったときにズッシリ重量感がある。皮が厚めでピチピチ、なめら

鏡で客の様子を隅々まで確認できる

不動の1番人気、焼餃子。噛みごたえある皮に妙味あり

かな舌触り。噛むたびに気持ちいいし、中のうま味が染み出す。

あっさり、すんなり食べられるのが満洲ラーメン（470円）だ。サラッとした味付けながら風味あるスープで、加水率が約50%と高いつるつるの麺。たっぷりのメンマは味が濃く、アクセントとしていぶし銀の働き。川の流れのように食べやすい一杯だ。

この満洲ラーメンと焼餃子6個のセットが700円と手ごろである。

チャーハンは玄米と白米が「5：5」

チャーハンは、スープと漬物付きで500円。このチャーハン、じつは**玄米と白米が5：5で入っている。**

恐る恐る口に運ぶと、玄米感がまるでない。

ぎょうざの満洲で扱う「金芽ロウカット玄米」は、表面の硬いロウ層を均等に取り除き、玄米の栄養分と、白米に近い食感を最大公約数的に両立する。

満洲ラーメンは麺のツルッル感が印象的

「玄米50%」と言われなければ気づかない

さらに、玄米の質感を活かせる「チャーハン」にすることで、白米と玄米のつなぎめがわからないほど一体に溶け込む。白米よりカロリーが30％抑えられ、社長いわく「白米より玄米は味が濃いので、塩分が抑えられる」という。

酔客の悲願・100円以下の ハーフサイズメニュー

このぎょうざの満洲、何かと大衆客をわかっているアイテムが多い。

たとえばメンマ・ザーサイ・キムチ・冷奴の4つをおつまみメニューとして160円で出しているが、さらにハーフサイズを90円で提供しており、「ちょっとつまみたいニーズ」をがっちりキャッチする。

餃子の王将のジャストサイズメニューですら300円台が多いから、つまみを100円を切る価格で買えるのは大きい。

「冷奴にキムチをのせる」など、ハーフサイズメニューをアレンジして楽しむ客もおり、庶民のささやかな幸せを具現化する。

おつまみ（160円）はハーフサイズ（90円）も選べるから酒も進む

筆者は中華料理チェーンで「餃子＋ごはん」を注文し、勝手激安セットとして食べることも多いのだが、ぎょうざの満洲では、公式にその組み合わせが存在して大っぴらに頼める。しかもスープとザーサイ付きで450円と、ささやかにおなかを満たせるのだ。

さらに満洲の隠れ人気商品が、中華チェーン店としては少しだけ珍しい「ソース焼そば（510円、スープ付き）」だ。

香ばしい蒸し麺を隠さんばかりに、230ｇの野菜がドーンと使われていて、サクサク食感とともに楽しめる。

旨辛菜麺（580円）も野菜165ｇとたっぷりで、ボンカレーの中辛くらいのほどよい辛さ。わずかに入ったかき玉が、口当たりのよさも演出する。

毎月登場する**季節限定メニュー**も魅力だ。例年夏季に登場する「なすのみそ炒め（490円）」は、快活な味噌味に彩られた、たっぷりのなすとピーマンを思いっきり味わえる一品。ごはんがどんどん進む。

筆者オススメ「なすのみそ炒め」はごはんが快調に進む

「ぎょうざの満洲」（埼玉）

それらをのせたお皿たちには、「3割うまい!!」の謎のキャッチフレーズを発するマスコット、ランちゃんが描かれている。

この女の子のモデルこそ、ぎょうざの満洲の現社長・池野谷《いけのや》ひろみ氏だ。父譲りのシステム化推進で、満洲の業績をさらに浮揚させた立役者である。

ランちゃんスマイルの池野谷社長にまず、人気メニューを聞こう。

「1番人気はダントツで焼餃子。2番人気がチャーハン。3番が満洲ラーメンですね」

売り上げの3割が「餃子テイクアウト」

「うちは売り上げの3割が、生餃子のテイクアウトなんです」

そのテイクアウトでとくに売れるのが、業務用の「冷凍 生ぎょうざ60個入」。

池野谷ひろみ社長（画像左）の少女時代がモデルのランちゃん。ラーメンの「ラ」とチャーハンの「ン」から命名

もともとは出前を中心に営業していたが、そのときに創業者が出前をやめて「お店に来ていただける店づくりをしたい」と、じつに50年ほど前から生餃子のテイクアウトを始めた。

さらに、**テイクアウト全体では売り上げの4割を占める。**店頭レジ横の冷蔵庫の面積は店内の数十分の一に過ぎないが、満洲の屋台骨なのだ。

実際、店内には大袋に入った「業務用餃子」を買い求める人がよく訪れていた。

餃子の売れ行きに一役買うのが、テーブルのタッチパネルだ。「餃子のおいしい調理法」が表示されるので、スマホのカメラで撮ればレシピになる。餃子の特売日情報も流れるから、帰るときには、ついおみやげの餃子を「買っていこうかな」となるわけだ。

待ち時間での購入も働きかけて、二重三重ものアピールで「餃子買っちゃうか」を引き出す。

レジ横に必ず冷蔵庫がある、見慣れない光景。餃子以外にも「生麺（60円）」や「旨辛みそ（300円）」などがある

焼餃子の作り方が自動的に表示される

「ぎょうざの満洲」（埼玉）

「餃子を包むのがヘタ」だから、**合理化**できた

餃子は脂身を3割減らして、その分赤身を3割増量した豚肉のひき肉を使い、「カロリーを減らしつつ飽きない味に仕上げた」という。

そしてこの餃子、機械では掟破りの「**加水率約50%**」をいち早く実現した。加水率とは小麦粉を練るときの水の比率で、水分の多い皮はくっつきやすいため、機械では作りづらい。たとえば機械ではかつて43%が限界で、市販の皮はいまも多くが35%程度だ。

そこで小麦粉の練り方、ロールのかけ方、皮と皮がくっつかないようにする粉の散布の仕方など、メーカーに何十回も注文をつけながら膨大なテストと機械の改良を行なった。その結果、加水率約50%で「耳たぶくらいのやわらかさ」のもちもちな皮にできた。

12個入の「生ぎょうざ」は冷蔵と冷凍がある

上から人気ベスト3の焼餃子、チャーハン、満洲ラーメン

この餃子は、ぎょうざの満洲にとって合理化の象徴でもある。

黎明《れいめい》期の1960年代、当時の社長であった金子梅吉会長の「**餃子を包むのがヘタだった**」というシンプルな理由から、まだ珍しい、自動で餃子が包める機械をいち早く導入した。ラクに手間なくたくさん早く餃子が作れて、かつほかよりずっと安かったことから、店は大繁盛したのだ。

「全店長が難色」の玄米50%チャーハンがヒット

2番人気のチャーハン。耳を疑うのは、玄米を入れてからいっそう人気になった事実だ。

「私が推した玄米の導入は、100人近くいる店長たちのほぼ全員が難色を示しました。でも、テストで1軒に導入したところ好評。1年半ほどで全店が玄米を取り扱うようになったんです」

坂戸工場（埼玉県）の餃子成型室。このあとパックし、トンネルフリーザーで冷凍される

玄米が入ることで〝パラパラ〟にしやすく、玄米特有の香ばしさがチャーハンではプラスになった。

ちなみに定食などに付く茶碗入りのごはんは白米と玄米が選べ、およそ**4割が玄米を選ぶ。**ときに女性以上にカロリーを気にする、40代の男性にウケた。名物メニューの「ダブル餃子定食（650円）」を「玄米大盛り」で注文する人も多い。

サッパリ食べられる玄米

朝のスープ作りを卒業し、出勤は開店30分前でOK

そして3番人気のラーメン。

そもそも、中華料理店はラーメンスープのために勤務時間が延びがちだ。

スープを作るには8時間も必要だし、朝7時から仕込んでも、一番おいしく仕上がるのは15時ごろ。最もお客さんが来ない時間帯にスープが最高の状態になる。しかもその日のスープは、その日に使い切らねばならない。

「ぎょうざの満洲」（埼玉）

そんな矛盾を抱える作業にピリオドを打つべく、約30年前にスープ工場を建てる。酸化せずに日持ちして、かんたんに沸かしたての味を楽しめるスープが完成した。一つの袋が2キロ（約5杯分）で廃棄ロスは少なく、「スープが切れたので閉店」もない。

スープを沸かすために、朝早くから来る必要もなくなった。開店時間が11時だから、社員は10時30分に来れば間に合う。閉店後は30分以内に帰るように決められているので、**社員の拘束時間はおよそ10時半〜21時半におさまる。**ラーメン以外の料理のベースにもなるスープの製造改革が、社員の働き方改革にも寄与した。

工場の大釜で製造したスープは、素材の味をそのまま活かしやすいストレートの生スープ100％。袋詰めされ冷蔵状態で全店に配送される。

製品の鮮度を重視するため、関東の店舗は埼玉の工場から自社トラックで90分以内に配達できる場所にある。だから店舗は埼玉近辺になるのだ。

2019年の川越本社工場完成時には、新たに圧力釜を採用。スープを加熱する時間が約3分の1に短縮され、スープに濃厚さが増したうえに2倍の量が

2019年に生まれた川越本社工場

取れて、コストを削減できた。味のブレも消えて、ラーメンの注文はさらに増えている。

ちなみにラーメンの生麺も、餃子と同様に手作りと同じ加水率約50%を実現し、加水率30〜43%の店が多い競合店に差をつけた。

それらは池野谷社長自身が最終チェックする。お店で提供するものと同じ餃子やラーメンのハーフサイズを毎日試食し、気になったところは即改善する。たとえば季節ごとに野菜の水分量が変わるから、対応して調理しなければ水分や塩分の量がブレる。その兆しを自らキャッチし、現場に指示するのだ。

「**本社社員**は**約20人だけ**」
親子2代で**システム化**

お店をバックアップする本社の社員は数年前まで13人しかおらず、いまでも川越本社の社員はわずか約20人。徹底した自動化で、管理部門・営業部門・品質管理部門を少人数で行なう。

社長が毎日食べてチェックするラーメンと餃子

従業員の出勤時にもタイムカードの代わりに静脈認証を導入し、紙の給与明細も廃止してスマホでチェックできる。

多店舗展開が成功した秘訣もシステム化だ。

店舗が8軒程度の規模のときに、POSレジをいち早く採り入れる。自動発注も1995年ごろから導入し、**商品の廃棄ロス率を約8%→0・3%未満まで減らした。**

このような徹底した効率化が、創業者の金子梅吉氏、娘の池野谷社長の親子2代にわたる経営において貫徹されてきた。

池野谷氏は1986年に入社し、食品商社勤務の経験を活かして、当時手書きだった帳簿作成をやめ、PCでの在庫管理・経営管理システムを構築する。さらにレシピの材料をグラム単位でマニュアル化し、経営のシステム化を推進。当時社長の父・金子氏にもPCスキルを伝授した。金子氏は、娘の池野谷氏をこう評す。

「商売の細かいところにまできちんと目配りできるし、会社を引き継いで、私と同じ視点でやってくれるのはやっぱり娘だなって。仕事をするのに性別は関

タイムカード代わりの静脈認証を行なっている

係ありません」

ぎょうざの満洲では多くの効率化により、飲食産業には珍しい社員の1日8時間勤務と、週休2日を実現した。従業員の健康な生活があってはじめて、いいサービスをお客さんに届けられるからだ。

ぎょうざの満洲といえば月ごとの限定メニューも魅力だが、スタッフの腕が鳴るのは年2回のフェアメニューだ。**店員からの公募**で選ばれ、**考案者の名前や顔写真、コメントまでメニューに掲載**。これなら「次は自分が」と、店員のやる気につながる。

他店で食べたお客さんが、わざわざ電車で考案者の店まで足を運び、**「君が考えたんだね。おいしかったよ」と声をかけてくれた**こともあった。

「涙が出るほどうれしかったです」

限られた地域に集中出店するローカルチェーンだから生まれたワンシーンだ。なお、毎月発行の『おうちde満洲レシピ』にも、メニュー考案者のスタッフ名が表記される。

牛肉と野菜の
コク旨ラーメン!
牛肉、小松菜、白菜などの
具沢山あんかけで
食べ応えのある一品です。
仕上げの酢&ラー油が
アクセント!
メニュー考案者
つつじヶ丘北口店：山田

店員からの公募による年2回のフェアメニューは晴れ舞台

余剰人員を**活かし**、テイクアウト餃子が**過去最高**に売れた

コロナ禍における緊急事態宣言により、午後8時までの営業時間短縮を余儀なくされたが、ぎょうざの満洲の影響は比較的小さい。もともと閉店時間が21時〜21時30分だったからだ。

アルコールを提供する店にしては早仕舞いだが、「飲み屋ではなく料理屋だから、健康的な時間帯に夕ごはんを食べ終わってほしい」との思いがある。

おまけに2017年からは**毎週日曜を「プレミアムサンデー」とし、閉店時間を一律21時にした**。だから深酒する人は目立たず、食事客が騒々しい雰囲気に悩まされるケースも少ない。

なおコロナ禍ではテイクアウトの餃子に人気が集中した。

とくに2020年4〜5月は、週に2回行なっていた特売日を毎日実施した

2020年4〜5月当時は冷蔵庫が空っぽになるほど生ぎょうざが売れた（現在、60個入価格は1290円）

効果もあり、製造数は対前年比140％と、過去最高を更新。

当時は小さい子どもを抱えるパート社員が休みを取り人手不足に陥ったが、コロナ禍で手の空いた部署の応援により、さらなる大量生産を実現した。おかげでコロナ禍は、ついにテイクアウトの売り上げが半分を超えた。

さらには、もともと川越的場店で予定していたモバイルオーダーでのテスト販売が、ちょうどコロナウイルス感染拡大と時期的に重なる。タッチパネルを触らなくても自分のスマホで注文できるとあり、利用率は約6割に達した。

モバイルオーダーはほかの店舗にも広がり、長引くコロナ禍を戦う武器の一つになっている。

ちなみに川越的場店はよくテスト販売や試験的サービスを行なう店舗だ。足繁く通えば、未来のヒット商品や幻の店内サービスに出合えるかもしれない。

よくテスト販売＆サービスが行なわれる、ぎょうざの満洲川越的場店

関西には、**関西人店員**がベスト

ぎょうざの満洲の象徴であるテイクアウト販売だが、池野谷社長が入社した

当時は、まだ「○○をいくつください」と伝えて注文する対面販売が主流だった。

「私、そういう販売がとても苦手で。昔ながらのお肉屋さんも苦手でした」

そこでコンビニのように、「買い物かごに自分が買いたいものだけ入れる」システムに変え、コンビニで使う飲料用の冷蔵庫に餃子を並べる。その結果、見違えるほどに餃子が売れた。

客は会話をせずに買えるし、お店も客が自分で商品を持ってきてくれて、双方にメリットがある。

しかし関西にこのシステムを持ち出したところ、つまずく。関西には生餃子をテイクアウトする習慣はなかったうえに、言葉のキャッチボールを重んじる関西では、東京流の接客が「冷たい」と見られた。

だが数々の指摘を糧にして、先発隊は関西になじむことができたうえに、現在は**可能な限り地元の人を雇用して抜本的な解決を果たした。**

通常価格350円、特売日価格280円の冷蔵生ぎょうざ（12個入）

「満洲の餃子が〝おふくろの味〟になる」

「うち、1回**お店を出したら基本的には閉めないんです**。最初にお店を出して思ったほどの売り上げじゃなくても、5年10年経ったら、**ほかと変わらないぐらい売れるようになるので**。通うのが習慣になれば、満洲の餃子がおふくろの味みたいになります」

スローガンは「おいしい餃子で人々を健康で幸せに」。ジャンキーになりがちな中華料理だが、チャーハンはラードではなく植物油で炒めたり、野菜が多めのメニューは「レバニラ炒め・野菜230g」「中華丼・野菜179g」と量を表記したり、毎日食べ続けられる日常食をめざす。

「コロナ禍で体調を崩す人が多かったので、うちが進むべき『おいしさと健康を重視した店づくり』がより重要だと思いました」

例年夏限定「なすのみそ炒め」は野菜量225g

ラーメンは思い切って豚骨スープをやめた。鶏を多く使って濃厚にして、なおかつ魚と昆布のダシが利いて野菜のうま味が味わえる。

「スープを飲み干しても、体にやさしいラーメンを作りました。豚を抜けば同じ塩分でもしょっぱく感じるので、減塩しやすかったんです」

ちなみに、多くの料理で「半玉」や「小盛」が選べて、20円だけ安くなる。女性は値段が同じでも少なめを選ぶ方も多いので、少しでも価格が下がる配慮はうれしい。

国産小麦化を推し進め、2015年には麺、2016年には餃子の皮の小麦を国産100％にした。池野谷氏いわく、「国産小麦の品質は近年向上し、値段も外国産とそう変わらない程度まで下がった」からだ。

そんな社長は、「身《しん》土《ど》不《ふ》二《じ》」を大事にする。

「その土地で昔から作られるものを食べると、体にいいって意味です。体と土地は一つ、まさにめざすのはこれだって。そんな思いで料理を提供しています」

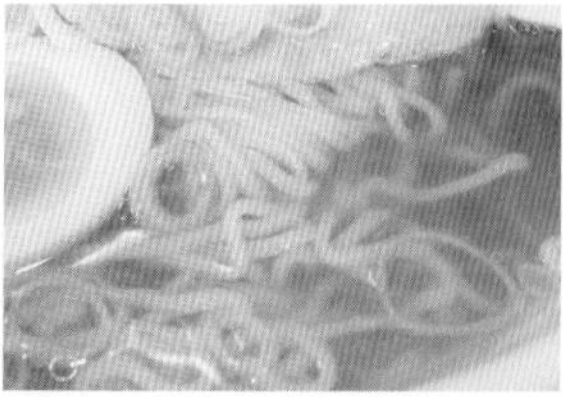

自社ファームで畑仕事中の「100万ドルの笑顔」

だから埼玉県内に、**東京ドーム2個分の自社ファーム**まで作った。たとえばキャベツなら、メニューで使用する3割が採れる。

「埼玉って何でも採れるんです。小松菜とか、全国1〜2位の生産量のものが結構あるんですよね。大生産地であり大消費地だから、輸送費もかからずに、地元のおいしい野菜をたくさん食べてもらえます」

自社ファームは製造工場から5キロ圏内にあり、たとえば朝に収穫したキャベツはすぐに工場で洗浄・カットされ、45分で餃子になって店舗へ出荷する。

池野谷社長は嫁ぎ先が兼業農家だったこともあり、毎日畑仕事をする。その目利きとともに生産地に自ら足を運び、少しでもいいものがないかを吟味する。

自社ファームで収穫するキャベツと、近所の子どもからもらったファンレター

埼玉ブランド
「夢の共演」の先へ

そうやって、ぎょうざの満洲は本拠・埼玉のポテンシャルをフルに活かしている。そして埼玉県民たちからも愛される存在だ。

「ぎょうざの満洲」（埼玉）

「コロナのときも、地元の方からは、『こんなときに営業していてくれてありがとう』って励ましをたくさんいただいて、こちらこそありがたかったですね」

余談だがぎょうざの満洲は、卓球好きの筆者も注目する卓球Tリーグ、T・T彩たまのゴールドパートナーだ。

埼玉はJリーグ随一の人気チーム・浦和レッズなど、サッカーが圧倒的に強いお土地柄だが、「地元に愛されるチームになりたい」と思いを巡らせるT・T彩たまとめざすものが一緒だから、スポンサーとして名乗りを上げた。

その願いが通じたように、T・T彩たまのファンたちはまるで「聖地」のようにぎょうざの満洲へ〝巡礼〟する。

最近では、同じ埼玉県民のブランドである埼玉種畜牧場・サイボク（日高市）とのコラボも実現した。2020年11月、川越駅西口の商業施設「U_PLACE」にオープンしたぎょうざの満洲小江戸館では、16時からの特別メニューとして、サイボクのゴールデンポークを100%使った「**プレミアム肉餃子**（**4個280円**）」を店内で提供し、持ち帰り用の「プレミアム冷凍生餃子（12個入

川越的場店には卓球台があり、T・T彩たまの選手との交流会も予定されている

ぎょうざの満洲の集大成と語る「ぎょうざの満洲小江戸館」（川越市）

540円）」も販売する。

池野谷社長は意義を語る。

「川越小江戸館は『ぎょうざの満洲』の集大成のような店。川越の隣街、所沢で開業して今年で58年目。私自身も川越に嫁いで33年、新型コロナウイルスの影響もあり大変な世の中になったが、いままでに培った内容を小江戸館にすべて盛り込みました。これからも『おいしい餃子で人々を健康で幸せに』に向かい、新しいものを取り入れて、さらに進化していきたい」

ちなみにプレミアム肉餃子は、自社農場のある鶴ヶ島市へふるさと納税すれば返礼品として冷凍品がもらえ、地元を金銭的に支える足がかりになっている。

全国に少しずつ広がるぎょうざの満洲だが、その土台は埼玉に根ざす。合理性を活かしながら、地元だからできる味づくりをますます追求し、今後も埼玉県民により愛される「身土不二」のチェーンをめざしていくはずだ。

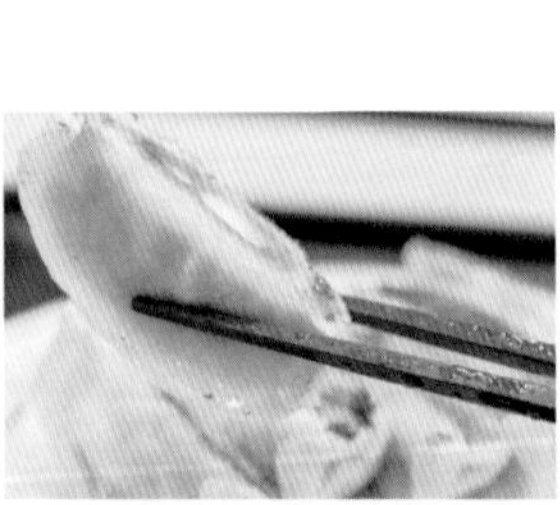

同じく埼玉県民に有名なサイボクとコラボした「プレミアム肉餃子」

参考文献

・『3割うまい!!』金子梅吉 著（太陽出版）
・『日経トップリーダー』2012年12月号
・『AFCフォーラム』2021年1月号
・「埼玉県民なら知っている！『3割うまい』ぎょうざの満洲　売り上げが20年以上も伸びている秘密は」（「産経ニュース」）
・ぎょうざの満洲リクルーティングサイト
・「埼玉発『ぎょうざの満洲』　消費増税に負けない〝独自すぎる〟ビジネスモデルに迫る」（「ITmedia ビジネスオンライン」）
・「埼玉県民が愛用『ぎょうざの満洲』に揚げ物が1種類しかない理由 ほかのチェーンとはまるで違う戦略」（「プレジデントオンライン」）
・「川越駅西口・ユープレイスに『ぎょうざの満洲 小江戸館』」（『川越経済新聞』）
・ぎょうざの満洲公式ホームページ
・ぎょうざの満洲公式インスタグラムアカウント
・満洲ファーム（フェイスブックアカウント）

「3割うまい!!」は「3割原材料費」の意味

ぎょうざの満洲

店内にたくさんありすぎて脳裏に焼き付く「3割うまい!!」のロゴ

ぎょうざの満洲のおいしさや経営の秘密には、数字がよく登場する。それを象徴するのが、マスコットのランちゃんがあらゆるシーンで叫ぶ「**3割うまい!!**」なるキャッチフレーズ。

これには数々の意味が込められており、とくに重要なのが「3割原材料費」だ。ぎょうざの満洲では、売り上げの3割ずつを原材料費、人件費、家賃や光熱費などの諸経費にあて、残りの1割を利益としていく。

多店舗展開のスケールメリットで食材の仕入れ価格が下がっても、よりよい食材に見直し「**3割の原材料費率をキープ**」して、さらに商品力を高めていくのだ。

「3割うまい!!」のランちゃんバッジは「餃子マスター」の証。餃子の知識があり、おいしく焼く技術があると試験で認定された店員のみが付ける

DATA

社名：株式会社藤森商会

本社所在地：北海道帯広市西2条南11丁目-8

創業年：1900年ごろ

社長：藤森裕康

店舗数：13店舗（ふじもり本店及び、インデアン12店舗）

社員数、従業員数：255名（社員数60名、パート・アルバイト195名）

（2021年5月時点）

カレーショップ インデアン

十勝をワンコインで温める「変幻自在の鍋カレー」

6

年間約２８０万食
食べられる**魔性**のカレー

「十勝晴れ」という言葉がある通り、どこまでも抜けるような青空と大平原が広がる。北海道・帯広空港（とかち帯広空港）から帯広市街に向かうバスの中で、いつか死ぬときに思い出すかもしれない美しい光景を見た。

北海道、そして日本を代表する大農地・十勝に、地元民が誇るとっておきのカレーチェーンがある。１９６８年に生まれた**「カレーショップインデアン」**だ。帯広市内に7店。隣接する音更町《おとふけちょう》、芽室町《めむろちょう》、幕別町《まくべつちょう》にも1店ずつあり、釧路市に2店の計12店舗。年間約２８０万食がペロリと食べられ、14年前の販売数約１５０万食から、倍増の勢いで伸び続ける。帯広市の人口が16万人ほどだから、市内の人なら単純平均でも年間10食ほど食べている。

バスから思わず撮った十勝の大平原

「カレーショップ インデアン」（北海道）

私が「秘密のケンミンSHOW」のリサーチを担当していたころも、帯広で国民食のように愛される「インデアン」のウワサは耳にしていた。その熱狂ぶりから、こんな伝説的な実話がある。

- こだわりの食べ方を語り合えば、たちまち仲良くなれる
- インデアンに行きたい気持ちがはやって、車のスピード違反を犯した
- タクシー代を節約して、歩いてでもインデアンを食べた
- 味にほれて若者が帯広に移住した
- 闘病生活をインデアンカレーに支えられた

そんな、魔性のカレーとは。帯広での2泊3日は全食インデアンのカレーを食べて、その魔術にかかった。

まずカレーショップインデアンで異彩を放つのが、外装だ。何やら砂漠にある宮殿のような、独特の風格をもつ店舗が多い。戦時中の空襲による被害をそ

インデアン東5条店の宮殿みたいな外観

れほど受けなかった帯広にいまも残る、戦前からのモダンな建物とも調和するような佇まい。夜にはひときわ神々しく、手を合わせたくなるほど。

内装はほんのりカントリーテイストで、オープンキッチンをカウンター席が囲む。

各店には「ジュラシック・ワールド」「ミニオンズ」など、なぜか懐かしい**映画のポスターたちがたくさん飾られている。**これは映画好きの先代が貼ったのがはじまりで、お店ができた年の映画ポスターを中心に選ばれる。

サッと手際よくカレーを作る店員たち。一丁あがり、とやってくるカレーは、茶わん2杯分のごはんでボリュームたっぷり。

すでにルー※（カレーソース）がごはんにしっかりかかった状態だから、カレーの到着から2秒で食べられる。

サクッとスプーンを入れてみる。ルーはトロミが強く、家のカレーのような人なつっこさがありつつも、お店テイストを併せもつ。

どこにでもある味ではなく、もはや「インデアン味」としか形容しがたい。

代用のきかない一皿だけに、地元を離れた帯広出身者がよく家族に冷凍したル

インデアン西21条店の内装

インデアン東5条店の壁面。映画ポスターがズラリ

ーを送ってもらう気持ちがわかる。

じつはインデアン、**0円で5段階の辛さが選べる。**カエンペッパー、カレー粉、コショウを加えて調整され、中辛まではあまり辛くない。

しかしその2段階上の大辛にでもすれば、突然火を噴く辛さになる。そのあやしいバランスによって彩られたルーと、ちょうどいい食感のライスの組み合わせで、どうにもスプーンが止まらなくなる。

「ガリ」とのコンビが 革命的なうまさ

数あるメニューでも特徴的なのが、エビカレーだ。

エビフライでも来るのかと思えば、カレーの上にたくさんのかわいい**小エビ**がのった新鮮なビジュアル。まるでスーパーマリオがコインを獲るように、プチンプチンと小エビを食べ進めていくリズム感と食感が気持ちいい。

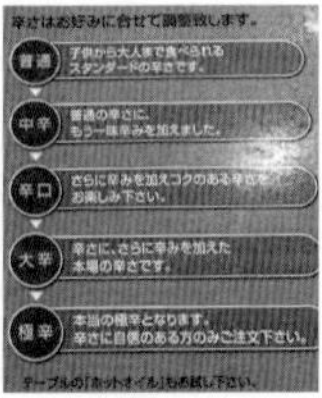

※インデアンでは、ごはんにかけるカレーソースのことを「ルー」と呼ぶ

どこにでもある味ではなく、もはや「インデアン味」としか形容しがたい

さらには、卓上の「ガリ」とのコンビが革命的においしい。ガリの甘辛さが、これほどまでにカレーの風味を引き立ててうまくするとは思わなかった。飲食店の卓上は、辛味や塩気の強い「食べ疲れするもの」が並べられがちだが、このガリは中盤〜終盤にかけて、取るペースがぐんぐん加速する。それくらいこのカレーとの相性は抜群で、有用なガリだ。

卓上には辛さを調節できるホットオイルもあり、カレーのスパイスとはまた違った辛味が楽しめる。同じく卓上の福神漬と青じその実を散らして食べ進めるのも、インデアンカレーの楽しみ方だ。

だからこそ、終盤にかけてもスプーンを動かすペースが止まらないし、完食したときの爽快感もたまらない。サクッと食べられてスッと帰れるちょうどいいカレー。

ちなみにジュースは88円と激安で、一部のマニアはメロンソーダを頼む。

そもそもインデアンは、1900年ごろ創業のレストラン・ふじもりのカレー部門が分離独立して専門店として生まれた。ふじもりでは突き出しの水代わ

「カレーショップ インデアン」（北海道）

ガリ・青じその実・福神漬が取り放題

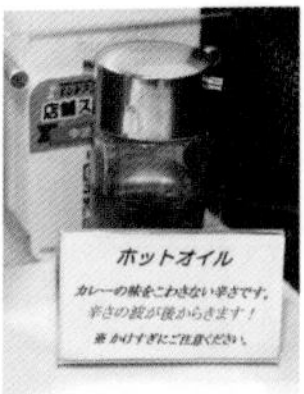

かけ放題のホットオイルは妙味ある辛さ

りにメロンソーダがサービスで付いてくるが、インデアンでもカレーとの「レジェンド・コンビ」を楽しめる。

そうしている間にも、なぜか**鍋を持ったお客さんたちがどんどんやってきて、カレールーを入れて帰る**が、これは後述しよう。

十勝人がプライドをもって語る一皿。どのように作られ、どう愛されているのか。株式会社藤森商会の代表取締役社長、藤森裕康氏に話を聞いた。

3種のルーで食べる7つのカレー

帯広市民に年間10食以上食べられる、熱愛カレーチェーン。まずは、人気メニューベスト5を挙げてもらった。

「1位がインデアンカレーです。2位がインデアンカツ、3位がハンバーグ、4位がエビ、5位がシーフード。1位のインデアンカレーは圧倒的に売れてい

メロンソーダ以外もオレンジジュース、山ぶどう、ウーロン茶、コカ・コーラが88円

ますが、やっぱり価格（店内価格462円）が理由かな。あと家庭で食べられているカレーに一番近いですから。カツやハンバーグも、珍しいトッピングではないからこそ、やっぱり出ます」

これらにチキンと野菜を加えた7つが現在のカレーメニューである。ちなみに社長が好きなメニューはエビとカツを合わせた「エビカツ（店内価格902円）」だ。懐《ふところ》に余裕のある方はマネしよう。

インデアンというとトロミの強いルーをよくクローズアップされるが、ごはんもじつにうまい。米は「限りなくインデアンのルーとの相性がいいように」と、長い付き合いの米店と相談のうえで、地元・北海道産ななつぼしを中心に国産米数種類をブレンドする。

具材もホームグラウンド・十勝の立地をフルに活かし、ジャガイモや玉ネギ、鶏肉など、**地元食材を惜しげもなく使う。**

「十勝は、おそらく日本最大の食料基地です。畑にとって気候もいいし、何を食べてもおいしいし、日本一の食材が採れると思いますよ」

1世紀企業・藤森商会の4代目社長、藤森裕康氏

「カレーショップ インデアン」（北海道）

ほぼ国産の食材でこの価格を維持できるのは、年間280万食も売れるスケールメリットが大きい。わずか12店舗でもそれをやってのける繁盛っぷりが、好循環をもたらす。

それら食材の調理を一手に引き受けるのが、セントラルキッチンだ。自慢のルーは二十数種類のスパイスで約9時間コトコト煮込まれ、配送された各店舗で仕上げられる。そこでは気候の変化などに合わせ、火加減やスープの量で味を調整する。

マニュアルは存在するものの、店側の作業工程で多少のばらつきが生じるため、店舗によって少しずつ味が変わる。「ルーの硬さや辛さも違う」と熱弁するマニアもいて、お気に入りの店舗を選ぶ要素にもなる。

「一定の範囲に収まっていればそれも個性かなって。**各店にファンがついているから**」

1900年ごろ創業の「ふじもり」がインデアンを生んだ

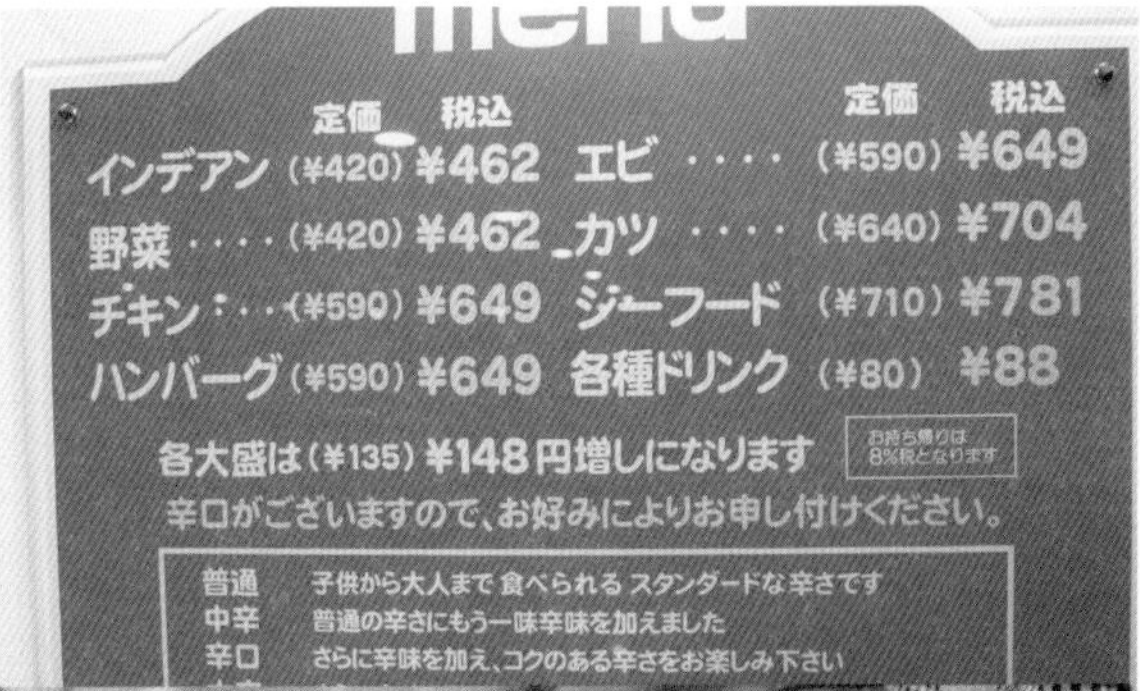
定価 税込
インデアン（¥420）¥462
野菜・・・・（¥420）¥462
チキン・・・（¥590）¥649
ハンバーグ（¥590）¥649
定価 税込
エビ・・・・（¥590）¥649
カツ・・・・（¥640）¥704
シーフード（¥710）¥781
各種ドリンク（¥80）¥88
各大盛は（¥135）¥148円増しになります
お持ち帰りは8%税となります
辛口がございますので、お好みによりお申し付けください。
普通 子供から大人まで食べられるスタンダードな辛さです
中辛 普通の辛さにもう一味辛味を加えました
辛口 さらに辛味を加え、コクのある辛さをお楽しみ下さい

上／462円から選べるカレーメニュー
下／晴天日の多い十勝平野は、道内の4割超を占めるジャガイモ生産など、日本の食をつくる大地

辛さ選びもタダ。
こだわり追求型カレー

インデアンのルーは以下の3種類あり、客はその日の気分や好みで指定する。

・インデアン……濃いめで「ずしんとくる」
・ベーシック……あっさりめ
・野菜…………野菜がたくさん

「先代は『1つだけだと飽きる』と考えたようです。うちのカレーの強みは、お客さまが好みに応じて選べることですから」

3種のルーは季節によりスパイスの配合を変え、夏はさっぱり、冬は濃い。印象に残ったのが、野菜カレー（店内価格462円）に使われる「野菜」ルーだ。

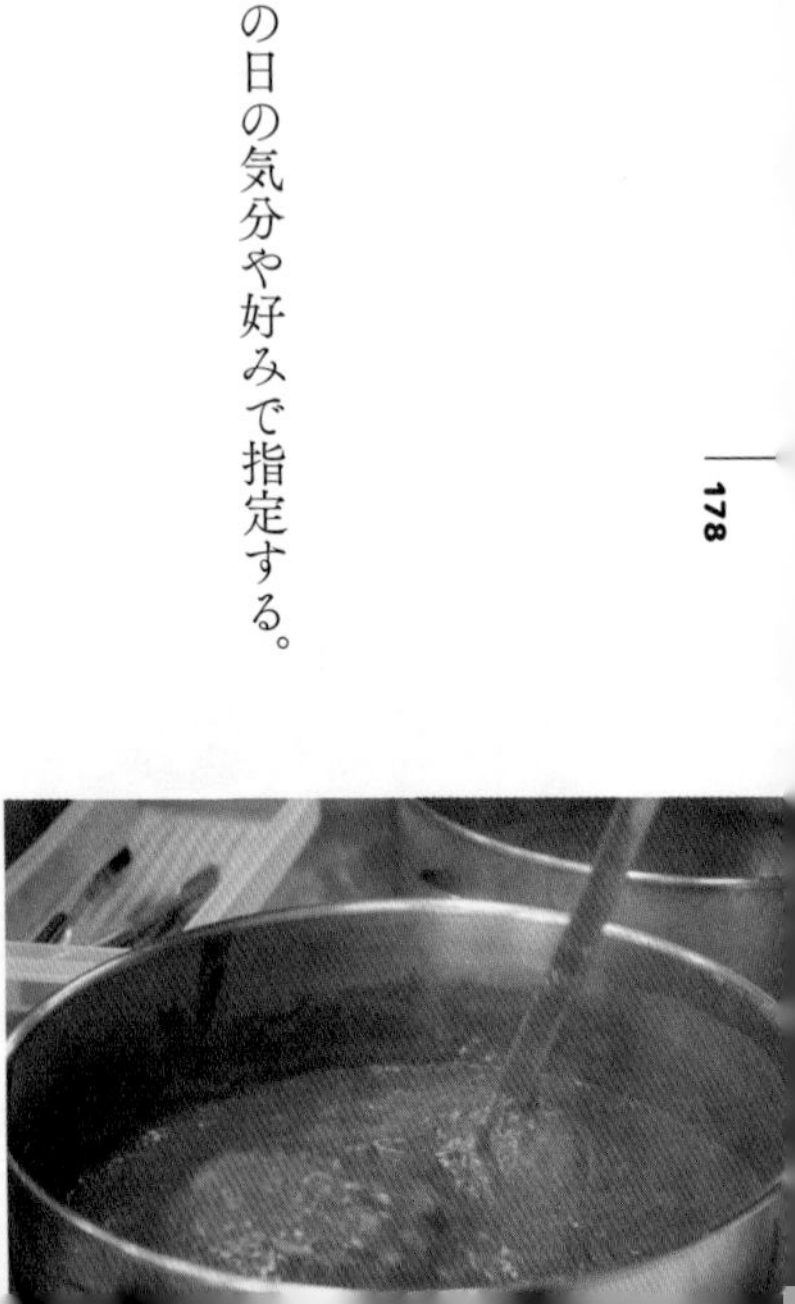

筆者も食べたが、十勝産のジャガイモがゴロゴロでおトク感たっぷり。北海道出身で帯広にもいた母が、実家で作るカレーにも似ていた。

イモが傷みやすいために**野菜ルーは数量限定**で、すぐ売り切れてしまう。何十回も通い続けて初めて食べられた人もいる貴重な一品だから、偶然食べられた人はバンザイで喜ぼう。

ちなみにハンバーグカレー↓インデアンルー、エビ↓ベーシックルー、野菜↓野菜ルーと、具材に対し標準のルーは決められているが、「ハンバーグカレー×野菜ルー」など、ほかのルーをかけることも可能。発想を活かして、味のコンビネーションを楽しむのも一興だ。

前述した通り、最近のカレー店では追加料金が発生しやすい「辛さの選択」も無料。普通・中辛・辛口・大辛・極辛まで選べる。

辛いもの好きの筆者はてっきり「老舗のカレー店だから、そう辛くないだろう」と高をくくっていたが、カウンターパンチを食らった。「大辛」の時点で、あまり経験したことのない辛さだ。極辛以上の極端な辛さも「極辛〇倍」と裏

ジャガイモたっぷりの野菜ルーは、運良く見かけたら必食

メニュー的に選べ、十勝のツワモノどもがチャレンジを続けるが、ほとんどの人は極辛までで間に合うだろう。

商圏が小さいから、まず「万人ウケ」をねらった

ちなみに、大阪にも「インデアンカレー」が存在する。名前もロゴも似ているが、十勝のインデアンとは何の関係もないし、食べてもまったく別物のカレーだ。全国のカレーを食べ歩いて研究した、先代の藤森照雄氏も大阪のインデアンカレーは食べたとされるが、現社長の裕康氏は〝東西インデアン〟の味の違いについてこう話す。

「帯広市は人口約16万5000人だから、老若男女が食べられるカレーじゃなきゃ商売になりません。でも大阪みたいに880万人もいれば、20~40代とかにターゲットを絞った商売ができます。その人たちにとっては大阪のインデアンカレーはおいしいはずですよ。私も大阪へ行ったら必ず食べるし、やみつき

帯広のインデアンマーク。大阪のインデアンと比べると、似ている

ですから（笑）。うちは小さいお子さんも来るし、辛くはできません。だから**ベースは少し甘味のあるカレーで、辛さをタダで変えられるようにしました**」

カレーショップインデアンは創業53年の老舗だが、「ずっと変わらない味」を守り続けるかと思いきや、攻める。時代に合ったカレーと逸脱しないようにしながら小さな変化を重ねており、長いスパンで見れば結構変わっているのだ。

とくに世代によって味覚は変わる。そのために藤森社長は、学校祭（文化祭の帯広風の呼び方）に出店したカレーの売れ行きでテコ入れの必要性を確認している。また保育所では、子どもたちがキレイに食べてくれるかもポイントだ。

客の声から「**極小カツ**」が生まれた

「お客さまの要望にはなるべくNOと言わないのがモットー」と豪語するインデアン。「ホントかよ」と疑う性格の悪い筆者だが、実際にインデアンではお

カツカレー（店内価格704円）、こんなに小さいカツを初めて見た

客さん発のサービスが多い。

その代表例がカツだ。

「食べやすいように小さくして」というお客さんの声にこたえ、タテに加えて真ん中にも切り目を入れて、極小のひと口サイズになった。これならスプーンの中にカツを収められるし、歯が悪い人も食べやすい。

「トッピングもご要望からどんどん増やしましたし、ルーの上に具材をのせる『後のせ』もお客さま発のアイデアです。辛さを調整する『ホットオイル』もお客さんのお声から、全店に置かれたとも言われます」

夕日とともに、鍋を持った客がゾロゾロ

このインデアンと言えば、なんとも特異なのが「**鍋を持ってきてのテイクアウト**」だ。夕方ごろになると、鍋を持った客がどんどんやってくる。

イートインの座席がしっかりある業態で、ここまでテイクアウト客が来るお

中央にある肉片がカツ。筆者がこれまで食べたカツカレーで一番食べやすかった

店を初めて見た。

人気のワケはまず安さだ。鍋を持ってくると容器代の55円分が浮く。

さらにテイクアウト価格はおトクで、1番人気のインデアンカレーは店内価格が462円、持ち帰りが453円、持ち帰りルーでは345円まで下がる。自宅でごはんを炊き、ルーだけインデアンで調達するのは、十勝民の冴えたやり方だ。

トリッキーなこのスタイル、なぜ生まれたのか。

「お客さまの『容器についたカレーがもったいないから鍋を持って行きたい』、という声から始まりました」

きっかけはつましい話だった。さらにダイオキシン問題が当時騒がれていたのも相まって、なるべくプラスチック容器を使わないよう、鍋の持参を推奨したのも要因だ。

そこから30年ほどして、鍋でカレーを持ち帰ることは帯広の文化になった。

さらに**50人分以上の注文であれば、鍋ごとの配達も可能**。子どものイベントや学校行事ではカレーの割引も行なう。

カレーの名を記したメモを貼る気づかい

カレーショップ「インデアン」（北海道）

「たとえば企業の棚卸しや、畑の小麦刈り、さらに学校の運動会や学校祭なんかで『カレー持ってきて』と要望があり、こたえているうちにクチコミで広まりました」

なぜルーのテイクアウトを広められたのか。

「お母さんが忙しいから。いまは共働きが多いし、インデアンのルーを買えばラクですよね。学校祭にインデアンのカレーが出張販売するようになったのも、お母さんが朝早く弁当を作るのが大変だからなんです」

ちなみにインデアンのルーを持ち帰り、冷蔵庫の残り物を入れて楽しむ人もいる。店で会った男性ファンも「フライドポテトや目玉焼きを入れる」と語っていた。何でもありだ。

「鍋」のおかげで
コロナに耐えられた

北海道は2020年2月に新型コロナウイルスに対する独自の緊急事態宣言

一度に頼む量が増えるほど持ち帰りルーの安さが効いてくる

が出てから、経済的な影響を大きく受けた。

しかしインデアンは最も売り上げが落ちたときでも通常の90%ほどで持ちこたえ、2020年の夏には平年並みの売り上げまで回復した。

牽引したのはテイクアウトで、売り上げに占める割合は全体の4割から6割にアップ。もともと持ち帰り客が多かったために、ほかの飲食店があわててテイクアウトの準備を整えるなか、スムーズに対応できた。

他社が確保に苦戦した「持ち帰り容器」もたっぷりストックしていた。

ただし苦労もある。テイクアウト客が並んだときはソーシャルディスタンスが取りづらいため、店の外に出てもらい、ときには車の中で待ってもらった。

「**お金**がなくても絶対に**さみしくさせない**」

「入り口で『高そう』って躊躇するお店とは、真逆にしたい。お金がないからってさみしい気持ちには絶対させない。帯広の人がよそからのお客さまを連れ

帯広駅から最も近い路面店のまちなか店。映画スターのポスターに囲まれながら食べられる

て行っても恥ずかしくない店づくりを心がけて、内装や外装にもお金をかけるんですよ。懐がさみしいときでも、『インデアンなら食べられる』存在でいたいんだよね」

だからインデアンは、「**給料日前も行ける店**」からスタートした。デラックスなカツカレー以上に、店内価格462円のインデアンカレーが愛され、+0円の多彩なアレンジをワンコインから実現する店。

「1日2回食べられるカレーであり続けたいし、そんなお客さまに支えられていまがあることを絶対に忘れない。それが永遠のテーマかな」

お店の食器は、純喫茶でよく見るベーシックな銀皿。割れにくいのでコスパがいい。店舗ごとに内装やインテリアもオリジナルで凝っている。

「全部同じなのも味気ないでしょう。『この並びにはこんなお店が合うよね』なんて相談しながら考えます」

内装や食器にお金をかける分、ムダは削る。水道光熱費を中心に徹底した省エネ策を講じ、水道の蛇口にも水量を節約する機器がある。

大きな吹き抜けのある西21条店

ちなみに**キッチンが客席より一段低い。**客が立ったときは、店員を少し見下ろす形になる。厨房で、お客さんを見下ろしたくないからだ。

ココイチが帯広進出しても、インデアンは強かった

ライバルは多い。近年人気を博すスープカレー店の急増に加え、ＣｏＣｏ壱番屋も帯広に過去に2度進出した。

「ライバルと思ったことはなくて、共存共栄して繁盛できれば地域の活力になる。どこかが経営不振でなくなるのは地域の大ダメージです。**どんどんみんなが入って繁盛してくれて、お互いに切磋琢磨するのが一番いい。**ＣｏＣｏ壱番屋さん？　カレー専門店で日本初の上場企業になりましたから、立派ですごいと思います」

「地域の活性化＝堅調な経営」の視点は、局地的ローカルチェーンならではだろう。

銀皿は割れにくく最終的なコスパよし

厨房の入り口を見ると、一段低くなっている

「私もココイチのカレー好きでよく食べに行きますからね。お互い強みがありますから」

謙虚な藤森社長だが、帯広のCoCo壱番屋はインデアンとコロナの2つの壁には勝てなかったのか、2021年1月に閉店しており、意図せずとも2度目の挑戦を退けた格好になっている。

「地元から出ないで」の大合唱

「本当の夢は、北海道民520万人の冷蔵庫にインデアンのカレーが入ることなんです」

先代とともに、藤森社長は札幌進出の夢がある。それでもなぜ、インデアンは帯広とその周辺にとどまるのか。

「いまのインデアンのカレーを他の地域に出して再現するのはなかなか難しい。味を均一にする技術がうちにはまだないんですよね」

ハンバーグカレー（店内価格649円）。肉厚かつ食べやすい庶民のごちそうカレー

伸びしろを語る藤森氏は、こう続けた。

「規模を拡大するのはいいことばかりじゃない。企業は大きくするほうが倒産のリスクが高くなるんですよ。目の届かないところにいくと把握できなくなるし、意思を疎通できなくなる。それで従業員が幸せになるならしますよ。でもいまのうちの場合、規模を広げることが幸せにつながるとは思わないので」

お客さんからはこんな声を耳にする。

「地元の方からは『**出て行かないで**』『**帯広のインデアンでいて**』『**食べたい人が帯広まで来るお店でいて**』。その一方でほかの地域からは『うちの町にお店を出して』って、胸を打つんだけど……『十勝のものでいて、出ていかないで』って気持ちも痛いほどわかる」

外へ出るか、出ないか。

「でもやっぱり、地元に恩返しをしていきたいですから。それよりもいま働いてくれる社員をもっと幸せにしないとね」

釧路に2店舗だけあるのは、出店の要望があったのに加え、目が行き届く範

インデアンの店舗を擁する長崎屋帯広店。全国で7つ残る貴重な長崎屋の一つ

囲の距離だと思ったから。

「釧路ですら、別の地域へ出るのは大変なこと。釧路と帯広では好きなメニューの傾向が違う。帯広はチキンがあまり出ないですけど、釧路は（ジョイパックチキン※などに代表される）チキン文化なので、チキンカレーが圧倒的に出ます」

「社員を**寝る前の子ども**に会わせる」

数年前、「ホワイト企業になる宣言」をした。

「残念ながら、飲食業界の労働環境が整っているとはまだまだ言い難い。みんな朝から晩まで休みなくへとへとになって働かないと、成り立たないこともあったんだろうけれども……それじゃ未来はない。だから『ホワイト企業になろう』と思ったんだ。みんなが当たり前に働いて、給料も当たり前に取れて、休みも取れる会社にしたかった」

その一環として、インデアンは2018年2月に閉店時間を22時から21時に

※釧路を中心にチェーン展開し、40年以上愛されるファストフード店。「カレーチキン」が名物

前倒しした。従業員にはうれしくても、売り上げに影響はないか。

「21〜22時に来るお客さまはそう多くないんです。早く店を閉めたほうが社員も早く帰れるし、寝る前の子どもに会えますから。そうすると、**お客さまも21時前に来てくれるようになる**んです」

会社も残業代やバイト代が浮く。さらに社員が長く勤められる会社をめざして週休2日にし、週40時間労働を実現した。

「あとは1ヶ月のうち、2週は土日を休める会社にしたいなって」

「目標は、『インデアンが帯広にあってよかった』ってお言葉をいただける商売です。1年間で280万食、これは帯広・十勝のみなさんにここまで支えられてきたから。だから『インデアンがここにあってよかった』『なくなったら困るよ』って言ってもらえることに賭けたい。そんなお店になることが永遠のテーマなんです」


なんともその味を形容しがたい、でも恋しくなる「インデアン味」のカレー。

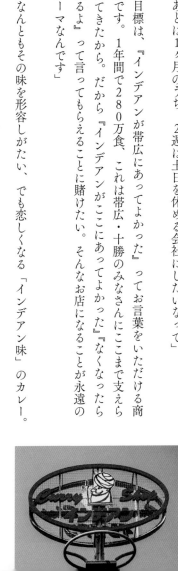

帯広に来なければ、帰らなければどうしても味わえない、とっておきのうまい一皿があるから、日本は狭いようでこんなに広い。

帰路の帯広空港で

参考文献

- 『十勝毎日新聞』２０１６年３月27日付、２０１７年12月31日付、２０１９年３月20日付、２０２０年６月９日付
- 『北海道新聞』２００６年１月12日付、２０１３年８月２日付
- 『日本経済新聞』２０１９年６月21日付
- 『ｄａｎｃｙｕ』２０１７年６月号
- 『日経トレンディ』２０１８年６月号
- 「【グルメレポート】帯広といえば、インデアンカレーというので食べてきた（永田優介）」（「Yorimichi AIRDO」）
- 「帯広のカレーショップ「インデアン」への再挑戦に敗れた「CoCo壱番屋」」（「リアルエコノミー」）

「カレーショップ インデアン」（北海道）

・「【1世紀企業58】藤森商会（帯広市）」（「一般社団法人北海道中小企業家同友会」）
・カレーショップインデアン公式ホームページ

幻の「スパゲティ」、提供はたった4食?

カレーショップ インデアン

当時スパゲティを提供していた「インデアン西21条店」

カレー以外のサイドメニューは置かない。しかし過去には、意外なメニューがあった。

「約30年前、藤森商会の90周年を記念して、**スパゲティ**にチャレンジしました。ただ、それは邪道でした。まるでオペレーションが違うので手間がかかって。カレー屋ならカレー1本で行けばいいと気づきました」(藤森氏)

ちなみにインデアンのスパゲティ、提供したのはなんと**4食**ほどで幻の味になった。それを食べた貴重な方は、ぜひ藤森商会に名乗りを上げてほしい。

インデアンのルーツ、ふじもりにはカレーメニューの後ろにスパゲティがある

7

おべんとうのヒライ

「中食・外食・コンビニ」三位一体のローカルメガチェーン

DATA

社名：株式会社ヒライ
本社所在地：熊本市西区春日7丁目26-70
創業年：1968年
社長：平井浩一郎
店舗数：143店舗
社員数、従業員数：2,159名（株式会社ヒライホールディングスとの総計）
（2021年7月時点）

コンビニサイズの店に3業態が入る「ヒライ方式」

熊本を中心に、福岡、大分、佐賀に約140店舗もの勢力を広げ、ローカルメガチェーンを築き上げた、1968年創業の「おべんとうのヒライ」。「秘密のケンミンSHOW」にも登場したヒット惣菜「ちくわサラダ」の元祖であり、九州では一目置かれる存在だ。

熊本人が大きな信頼を置くヒライ。その主要形態である「ロードサイド店舗」には、3つの顔がある。

・弁当、惣菜、おにぎりなどの「中食」
・日用品や即席食品などの「コンビニ」
・レギュラーメニューだけで50以上ある「イートイン」

ロードサイド店での目印がこのポップな看板

コンビニを思わせるサイズと外観

これらが全部コンビニサイズのお店に詰め込まれているのだ。

店内に入ると、コンビニのような、スーパーのような、量り売り弁当店のような……それらが同居した見慣れない営業形態に目移りするし、必然的に商品ラインナップもバラエティに富む。

この「**ヒライ方式**」と呼ばれる独特の営業形態は、「オリジン弁当」らも視察し参考にしていた。惣菜の並びや量り売りなど、通ずるものが見て取れる。

コンビニを思わせる業態にもかかわらず、商品はスーパー価格で安い。アルコール9％の109円チューハイから、49円のサイダー、108円均一のおつまみに、10枚で128円、30枚で298円のマスクまである。

さらに独自の電子マネー「コジカカード」で支払えば、**朝はおにぎりとサンドイッチが2割引**だ。

まず出迎える惣菜コーナー。コンビニ然とした一角もある

九州人の国民食「サンポー焼豚ラーメン」も

「ちくわにポテトサラダ」を詰めた謎の名物

いよいよ何か食べたくなってきた。

まずはやはり名物、**「元祖ちくわサラダ（151円）」**からいってみよう。**ちくわの穴にポテトサラダを入れて揚げる**、世にも奇妙な大ヒットお惣菜だ。

念願かなってパクつくと、まず食感がいい。ちくわとポテトサラダが一体となって調和しているし、ちくわの妙味ある弾力感が楽しい。

味はなかなか濃厚だ。ポテトサラダの、とくにたまごの風味が口いっぱいに広がる。ちくわに噛みごたえがあるからこそ、噛むたびに味わいをしっかり堪能できる。「びっくり箱」的な存在には決して終わらず、完成された一品だ。

ちなみに**カルビーとコラボした「ちくわサラダ味のポテトチップス（94円）」**も販売されており、フットワークも軽い。

「ちくわサラダ」はビニール袋を手に巻いて食べる。噛む楽しさに浸れる1本

カルビーからのラブコールで実現した「ポテトチップスちくわサラダ味」

次は「おべんとうのヒライ」のタイトルチューンともいえる、弁当だ。

単純にいま一番食べたかった「ほっくり肉じゃがのお弁当（399円）」をチョイス。

ごはんを嚙むたびにモッチモチの食感が気持ちよくて、米の甘味が染み出してくる。肉じゃがは嚙みごたえのあるジャガイモがメイン。たしかな満足感で、ギリギリ300円台なのはうれしい。

「片手でのり弁」の衝撃

店内で変わり種を見つけた。その名も「**片手でのり弁（205円）**」は、おにぎりでのり弁当を実現してしまった飛び道具的なアイテム。

具材は白身魚フライ、ちくわ天、きんぴらごぼう、昆布、おかか。のり弁オールスターズが勢揃いだ。

驚異の一品をいただく。

白身魚フライの存在感が強く、のり弁独特の空気感を形づくる。きんぴらや

家庭料理の王様「肉じゃが」が主菜。ありそうでない弁当

「片手でのり弁」はのり弁当の具材5種を入れたダイナミックおにぎり

ちくわが所々で顔を覗かせて、「小さなのり弁」の名に恥じないアイテムだった。

次はイートインコーナーを見てみよう。

ボタンを押したら調理が開始され、食券を見せるよりも手間いらずでスピード提供できる。

なかなかいいのがドリンクサーバーだ。水、お湯、お茶の3種類が出るし、水とお湯は「定量と連続」、お茶は「定量と少なめ」のそれぞれ2パターンの注ぎ方が選べる。

卓上調味料はこれでもかの品揃え。辛味だけで唐辛子、コショウ、九州ならではの柚子コショウ、カレー用のスパイス、辛子、紅ショウガと6種類。無料で取り放題の揚げ玉もあるし、醤油は塩分40%カット仕様だ。

熊本なのに「大江戸カツ丼」が1番人気

イートインメニューの1番人気が、熊本なのに「大江戸カツ丼（500円）」。

小さなのり弁は「お弁当・お惣菜大賞」の優秀賞を受賞している

電子マネー・コジカカード対応の券売機

カツ丼は2種類あり、もう一つが一般的なたまごとじの煮カツ丼である「ザ・カツ丼（500円）」で、こちらは3番人気だ。

その大江戸カツ丼は、揚げたてのカツにトロトロにとじたたまごをかける。たまごとともにカツを煮込む通常の工程より、カツのサクサクをさらに堪能できる。トロサクの対照的な食感が同時に味わえて、筆者もオススメの一品だ。

これらのカツ丼は熊本にあった老舗の味を参考にしている。震災によりなくなってしまったが、その味はいまもヒライで生きている。

そして、ヒライを支える人気ジャンルの代表格がうどんである。

熊本はもともとラーメン文化圏で、うどんはそれほどなじんでいなかったとか。**熊本の日常にうどんが溶け込むきっかけの一つが、ヒライだった**という。

それでは、福岡を中心に愛食される「ごぼ天うどん（360円）」を注文した。しっかりと味のあるスープ、やわらかくほのかなコシを感じる麺。中身が詰まってごぼうの香ばしさが鼻に抜ける天ぷら。輪切りのちくわとネギも脇を固

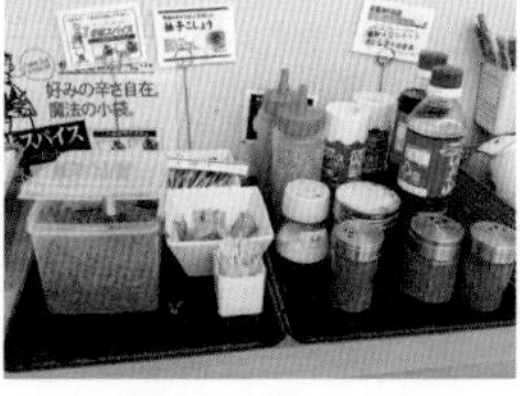

おぼん2枚に香辛料などがいっぱい

大江戸カツ丼はトロトロでサクサク。唯一無二の食感は一食の価値あり

め、センター返しのヒットを打つ好打者のような一品だ。

おなかを空かせた筆者は、むさぼるようにすすった。

はたして、このトリッキーな営業形態と、ユニークで心くすぐるメニューたちはどう生まれたのか。

熊本市のヒライ本社で、社長の平井浩一郎氏に話を聞く。

創業者の父・龍三郎氏から経営を引き継ぎ社長になった二十余年で、5年連続前期割れの会社を九州の中食トップクラスまで引き上げた。趣味の武道でも鳴らす、その辣腕《らつわん》ぶりの秘訣を教えていただこう。

苦肉の策から生まれたトリプル営業形態

まずは弁当店・コンビニ・イートインを3つ併せもつ独特の営業形態を着想した背景から。

ごぼ天は長年改良を続けるメニューの一つ

ヒライ本社。2階建てだが中は広い

それは、商業施設としては食堂くらいしか建てられない「**市街化調整区域**」に店を作ったのがきっかけだ。

「いい土地があったので、2～4席のイートインスペースをなんとか設けて食堂にしました。といっても当時は食堂の利用客は少なく、一緒に販売する弁当が実質のメイン商品で、よく売れました」

しかし、**90年代前半ごろからコンビニ弁当が隆盛に**。そのあと10年で全国の弁当店は多くが淘汰され、ヒライの業績も急激に落ちた。

「お客さまは弁当屋であろうがなかろうが、うまい弁当を買います。もともと弁当に力を入れていなかったコンビニさんが、商機を見いだしていいものを作りましたから」

生き残りをかけた勝負手が**イートインの強化**だった。

コンビニもいまだに手薄で、大手弁当チェーンもできない業態。軌道に乗せて、物販と合わせた三位一体の営業スタイルを確立した。

「イートインがうまくいってもそれ一辺倒になれば、中食の売り上げをまるごと失います。そもそも中食の競合店はまだ層が薄く、コンビニ以外なら『ほっ

平井浩一郎社長。取材前はかつて隆盛を誇った総合格闘技「PRIDE」の話で盛り上がった

ともっと』や『オリジン弁当』、『ほっかほっか亭』くらい。イートインだけなら外食の吉野家やサイゼリヤやマクドナルドら、無数の強敵と真っ向勝負しないといけませんので」

イートインを強化しつつ、中食需要にも応える。

ちなみに中食と外食と物販の3つを併せもつ、似たような営業スタイルのローカルチェーンも全国に点在するが、ヒライはそれぞれ単体でも同業他社と戦えるクオリティを磨いてきた。

地方の惣菜チェーンが苦戦するなかで、20年前は70ほどだった店舗数を倍増させた。

工場&店内調理のいいとこ取り弁当

さらなる成長に導いたのが、弁当の抜本的な見直しだった。その一つが「ハイブリッド弁当」である。

1968年に開店した平井商店。この9年後に初のロードサイド店を市街化調整区域に建てた

工場で調理済みの副菜と、最終調理工程を残した主菜をすでに弁当へセッティングしており、店内でかんたんな調理をすれば、できたての味わいがプラスされる。

工場と店内で作る弁当は、それぞれメリットとデメリットがある。

・工場で作る弁当……大量生産しやすいが、できたて感に欠ける
・店内で作る弁当……できたてだが、手がかかる

「できたて感が肝心なカツやハンバーグなどのメイン食材は店内で調理し、それ以外は工場で作ったものにしますね。メリットを最大化し、デメリットを最小化します」

それは人手不足が続く飲食業において、作業量を減らしつつ、調理スキルによって味がぶれない仕組みにもなる。

タッチパネルのボタンを押せば、スタッフが調理を始めるスピーディー仕様

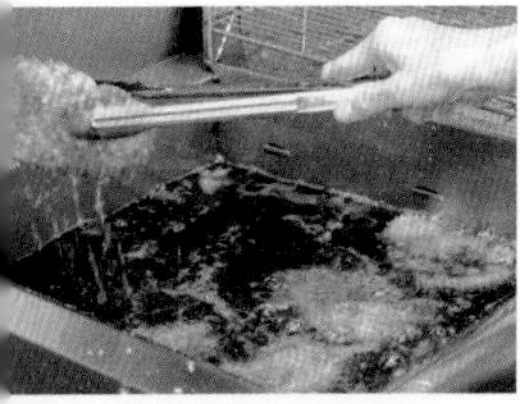
できたて感が満足度に直結するカツなどを店内調理する

社長と社員が "料理の鉄人バトル"

ここであらためて、イートインの人気メニューベスト5を発表しよう。

1位：大江戸カツ丼
2位：山ちゃんラーメン
3位：ザ・カツ丼
4位：肉うどん
5位：かけうどん

大江戸カツ丼に続く人気メニュー2位が、「**山ちゃんラーメン（400円）**」だ。この価格で熊本ラーメン特有のパンチある味わいを成立させ、値段以上のうまさが染み渡る。クリーミーなスープは、冷めてきても本来の風味を保つ。今

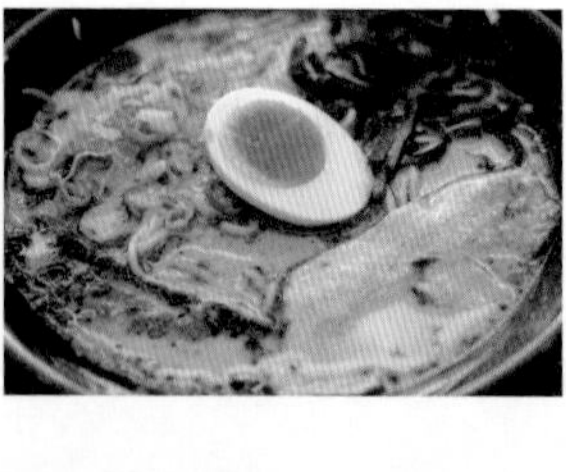

「山ちゃんラーメン」はマー油やきくらげなど熊本ラーメンの特徴そのまま

回食べたなかでも、最高のコストパフォーマンスを感じられた。

社員の山瀬浩敬さんが社長の命を受け、2年以上の歳月をかけて完成させた力作。持ち帰り用ラーメンのパッケージには〝山ちゃん〟の写真入りだが、なぜ山ちゃんの名前を掲げるのか。

「**開発に一番苦労した人間の名前を付けた**だけです。そうすると従業員もやる気が出るでしょう?」

苦労した社員をスターダムに上げる粋な計らいは、ほかのスタッフにも刺激を与える。なお山ちゃんラーメンにはおみやげ用があり、3〜4個まとめ買いする人が多い。息子の仕送りなどの需要があり、さながら地元の味だ。

さらにうどんのヒットには、**社長と社員の「決闘」**があった。

「当時うまかった八幡《やはた》のすしべん（石川）さんのうどんだしの作り方を、とにかく頼み込んで教えていただいて。でも、料理人上がりの社員・森本達也氏が**『俺の作ったうどんだしのほうがうまい』**って言い出したんです。京都の有名

山ちゃんラーメンお持ち帰りBOX（780円）はギフト用に堪えうる箱の質感

な料理店でだしを習った彼に作らせて、両方試食したら人気投票で5対5、私が必死で持ち帰ったレシピと変わらんかった」

結果は同票。平井社長が自分のだしに投票して、採用することもできた。

「でも、せっかくの社員からの提案ですから、私はその場で秘伝のレシピを破ったんです。『おまえのでいくぞ』って、レギュラーサイズのうどんを「100円」で提供しました。そうしたら、それまで売れなかったうどんが何千杯も売れたんです。そこから、イートインはいけると思いました」

社長と社員、「料理の鉄人」さながらの下剋上バトルが、イートイン本格進出へのきっかけになった。

1000円超えの味をワンコインで

ヒライのメニュー作りは、コンセプトが明確だ。

名店のメニューを徹底的に研究し、それに近い味を、一般的な庶民がランチ

に使える500円前後で提供する。

たとえばザ・カツ丼は、他店では1100円で提供されていたメニューの味を半額以下の500円で提供しているように、半額ほどの価格を目標に掲げる。リサーチのため、同じ店に100回以上通いつめることもある。

イートインメニュー以外でも、「ほかよりも約2割引で提供する」目標があり、未達成のメニューは商品会議をクリアできない。「隣のスーパーはいくらなのか?」と社長からのツッコミが入る。

「九州でうまい味」を徹底するからウケる

ヒライが参考にするのは全国の味より、九州の味だ。

「北海道や沖縄でうまいものが、熊本でも売れるとは限りません。熊本や福岡で一番おいしいものこそ当たります」

名店の味を再現した「ザ・カツ丼」も価格を500円に抑えた

味噌や醤油も、関東とは味が違う。

「だから、どんなにおいしい醤油ラーメンでも、豚骨ラーメンがメインの九州ではさほど売れません。同じ福岡のラーメンでさえ、博多、久留米、長浜と微妙に違うんです。地域性に応じて味を整えるのはすごく難しい。地域によって売れ筋も変わるから」

さらに、熊本県民にはホルモン好きが多い。ヒライでも牛すじ肉の煮込みが人気で、イートインメニューでも夏から秋にかけての恒例メニューに「馬ホルモン焼うどん」がある。

ほかにも熊本をはじめ、九州の各地で食べられるご当地惣菜が目立つ。いきなり団子、からし蓮根、流しかん天、とり天、チキン南蛮、鶏飯、高菜ごはん、がめ煮、豚角煮、レタス巻き、袋のかき氷……。地元民には慣れ親しんだ味がうれしいし、九州を訪れた旅人にも、九州の味を一気に味わえるスポットにもなる。

それらを提供するのも地元の方たちだ。応対してくれた店長の女性社員も、

熊本のほか、群馬など煮込み好き文化は全国に点在する

毎年夏〜秋にかけて登場する「馬ホルモン焼うどん」。ファンの間でカルト的人気を誇る（写真は2020年のもの）

幼少時からヒライに通い、学生のときにアルバイトをしていた。

「こういう子たちは宝物です。**店のいいところも悪いところもわかったうえで入社してくれますから**」

とくに、〝悪いところもわかったうえで〟は、長く付き合ううえで重要だ。上司も部下も地元民だから、ローカルチェーンならではの信頼関係がある。

廃物利用の逆転劇「ちくわサラダ」

ちくわにポテトサラダを詰めて揚げる、一見突拍子もない全国的ヒットお惣菜「ちくわサラダ」。その発祥は、あまったポテトサラダの再利用だった。

「当時大人気だったポテトサラダですが、たくさん作るほどロスも出ていました。それを現場の女性たちがちくわの穴に入れて揚げたら、えらいおいしかったのが始まりです」

捨てられるはずだったポテテサラが、ドライバーのワンハンドグルメとして人

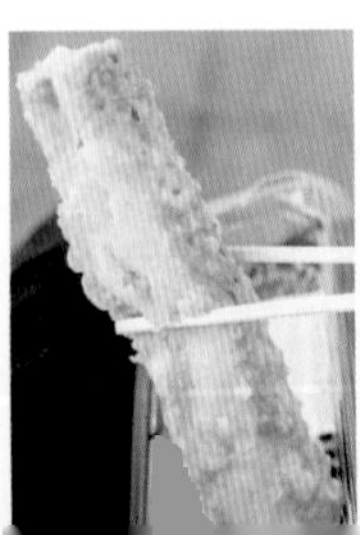

ちくわサラダはノーマルのほかにカニカマやカレー入りなど種類が豊富

気を呼ぶ。学生や子どものおやつになり、同様のメニューが近隣の他店にも広まった。

ちなみにちくわの穴にポテサラを詰め込む発想は、熊本のからし蓮根から生まれたともされる。

「『秘密のケンミンSHOW』で、人気に火がつきました。売り上げは10倍以上になりましたし、ちくわサラダの種類も増えましたね」

いまや熊本ご当地フードの一角にまで大出世した。

ちくわはプリプリした食感のちくわサラダ特注品を使用。中に詰めるポテトサラダも、キユーピーとともに長年の改良で生み出された「ちくわサラダ専用のマヨネーズ」を使い、ちくわの風味を邪魔しない味に仕上げる。

このちくわサラダ、弁当の副菜として入っていることもあり、キラーコンテンツとして活躍する。とくにテナント店では、競合他社の弁当を出し抜く切り札に使う。

「いつかお持ち帰りやおみやげ向けに、冷凍のちくわサラダを出す予定です。レンジアップすれば揚げたてみたいになるものをね」

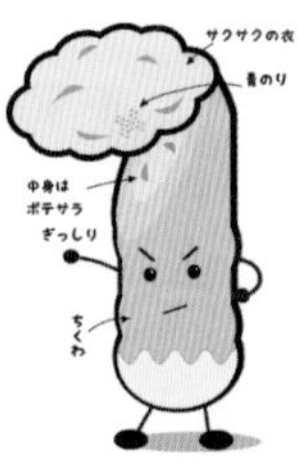

最近現れたリーゼント姿のマスコット・ちくわサラ太くん。彼が選ばれたコンテストの審査員はくまモンのプロデューサー小山薫堂《こやまくんどう》だった

中央に輪切りで入っているのがちくわサラダ。神出鬼没で弁当に入っている

ロードサイド店は男性、テナント店は女性が商品開発

ロードサイド店では、9対1の割合で男性客が多い。そのため、爆弾おにぎり、チキンカツカリーサンドなどハイカロリーで、ドライバーが手に持って食べやすいワンハンドグルメが目立つ。

一方、スーパーなどに入居するテナント店では、9：1で女性が圧倒的に多くなる。惣菜1番人気のポテトサラダを筆頭に、サラダ類が充実。ロードサイド店にはなかった寿司や、500kcalに満たないヘルシー弁当などが並び、弁当の主菜も豆腐ハンバーグや焼き魚などが中心だ。

「女性が大多数なテナント店の商品開発は、女性社員にまかせています。逆に男性客が大半のロードサイド店は、男性がメニュー開発します」

パワフルフード押しのロードサイド店の惣菜コーナー

うまい棒が12種類並ぶ店も。運転代行サービスで立ち寄る客が買うことも多い

業態で客の男女比が真っ二つに分かれるゆえの工夫だ。

投書で叱られても、感謝状を贈る

ヒライの店内には「社長直行便」なる、お客さんから**直に社長へ声の届く投書用ポスト**がある。

「今日も10通ほど返事を書きました。半分以上がお叱りですね。『あの従業員はゆるさん』とか『俺のおかわりば無視した』とか、『オーダーストップのあとに冷たい態度だった』『ごちそうさまって言ったあとうんともすんとも言わんかった』なんてお手紙をいただきます」

「ここにお店を建てて」「おいしかった」など、心温まる声援には必ず山ちゃんラーメンを進呈し、**叱られても本当に納得できる建設的な批判なら、感謝状を贈る**。

「そしたら、ものすごいクレームを起こすおばちゃんから『もう、ファンにな

テナント店は世界が一変する。ちょっと欲しいときにうれしい軽めのお惣菜も

ってる』って手紙をもらって。もうぼろんちょに怒られたおばさんだけどね。『私手芸が趣味だから、あんた使って』って言って、座布団を贈ってくれた方もいます」

おだやかに話すが、そこには熊本城のように傷つきながら、地道に築いたものがある。

コロナで会社の内製化が一気に進む

この10年、ずっと右肩上がりだった中食マーケットは、コロナ禍による巣ごもり需要からのまとめ買い傾向が強まり、日持ちのしない惣菜は敬遠された。大口ケータリングの売り上げは一時前年比8%になり、イートインも4割ほどに落ち込んだ。

だが、ピンチを改革のチャンスに変える。

「2020年春の緊急事態宣言時は、生産や営業部門らの余剰人員で、クリー

各店舗に設置されている社長直行便のポスト。切手不要のハガキもあり、帰宅後でも近所のポストから送れる

ニングや野菜加工など**外注していた部分を内製化**し、会社はより筋肉質に生まれ変わりました。4月は約1億円の大赤字でしたが、5月は5000万円ほどの黒字にV字回復したんです」

ちなみにヒライでコロナ前から開発されており、奇しくも重要性を増したのが「**冷凍弁当**」だ。

もともと高齢化社会で買い置きできる弁当をめざしたが、コロナ禍でいきなり真価が発揮された。

他店では小さなサイズの冷凍弁当が多いが、ヒライのものはガッツリ入っている。特選幕の内弁当（539円）は、これ一食で1067kcalとおなかいっぱい完結できる仕様だ。

ほかにも日持ちのするパウチ惣菜を数十種類揃えており、たとえば1番人気・煮たまごだと消費期限は製造から1ヶ月もつ。

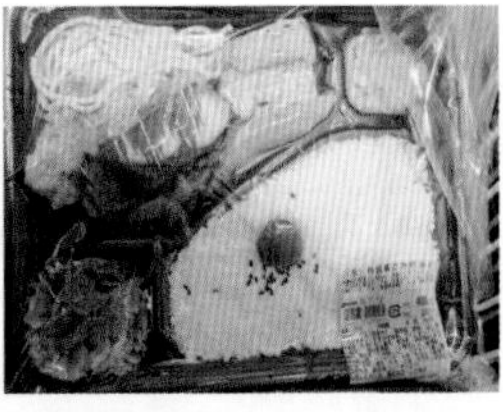

堂々1000kcal超えの「冷凍弁当」。冷凍への耐性がある食材を選んで作る

熊本地震で**過去最高**の**業績**を記録

ヒライでは「食のライフライン」を掲げる。

その本領が発揮されたのが2016年の熊本地震だ。

「うちは30店舗ぐらい被災し、従業員が一人亡くなって、家屋が壊れたのも何百人いました。みんな被災者だったけど、一生懸命活躍してくれて」

ある店舗では、弁当の販売個数を1組10個に制限していたが、そんななか、11個の弁当を求めるお客さんがいた。

特別にあと1個を受け取ったお客さんは「これで**おばあちゃんたちが飢え死にしなくて済みます。**ケアハウスに11人のおばあちゃんが閉じ込められているんです」と涙ながらに話した。

同じように商品が足りず販売数量を制限した店舗で客から不満が出て、今度はどうしても余分に渡せない。そこで別の客が「ヒライも被災者なんだ」とか

とくに大きなダメージを受けたおべんとうのヒライ阿蘇立野店。2018年1月に営業を再開した

ばってくれたし、渋滞の道路では、食料を積んだヒライのトラックに道を空けてくれた。

ある社員は避難所から、またほかの社員は車上生活から出勤した。その甲斐あって、大半の店で地震直後から営業再開。通常時より来店者は増え、客層が広がったまま定着して業績は過去最高になった。

地震の翌年の2017年、熊本の文化財保護のためにヒライは1億円を寄付している。1年ごとの経常利益は当時10億に届かない状況にもかかわらずだ。

地震のあとも、災害が相次ぐ熊本。

2020年7月豪雨でも、事業部長以下の社員たちが自主的にすばやい復旧を行なって被災当日、またはその翌日から営業再開した。台風の際も過ぎ去る時間を見計らって、**無理なくオープンできるタイミングでいち早く店を開けた。**

「私は休業していいと思ったんだけど、うちの営業は『お客さんは困っているはずですから』って。指示なしにやれるようになったのはすごいことですね」

2020年から始まったヒライの公式ツイッターアカウントの初ツイートも、豪雨で被災した店舗の営業再開のニュースだった。

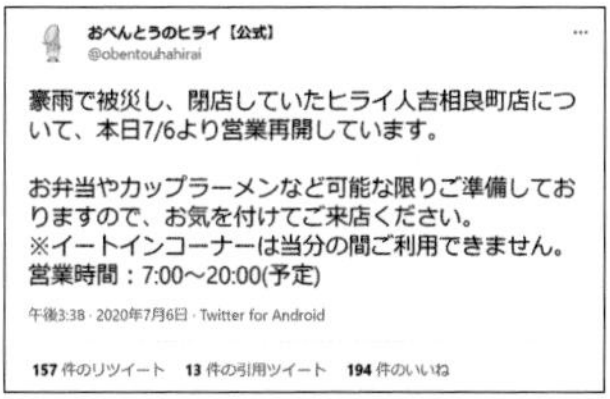
おべんとうのヒライ【公式】
@obentouhahirai
豪雨で被災し、閉店していたヒライ人吉相良町店について、本日7/6より営業再開しています。
お弁当やカップラーメンなど可能な限りご準備しておりますので、お気を付けてご来店ください。
※イートインコーナーは当分の間ご利用できません。
営業時間：7:00〜20:00(予定)
午後3:38 · 2020年7月6日 · Twitter for Android
157 件のリツイート　13 件の引用ツイート　194 件のいいね

ヒライ公式アカウントの初ツイートは、豪雨被災店舗の営業再開情報だった

一喜一憂せず、地域のために努力し続けることが一番

地元に集中して出店し、全国展開しないのはなぜか。

「一度東京で店を出したんです。中身はヒライそのままの『きみどりキッチン』をカゴメさんと共同で運営しました。軌道に乗りかけたんですが、やめました。輸送コストがかかるし、行くなら工場とセットじゃないと。工場の代わりをできる業者が遠隔地にいないし、**地元で出店を増やすほうが効率的**です」

日本の中食は10兆円市場（外食市場は24兆円）。九州は「10分の1経済」と言われ、中食だと1兆円市場になる。

「うちの売り上げなんてグループ全社で３００億円弱。九州のシェアを10％押さえれば、九州から出なくても１０００億円企業になれます。だからもっと九州にドミナント化して、身近なお店にします」

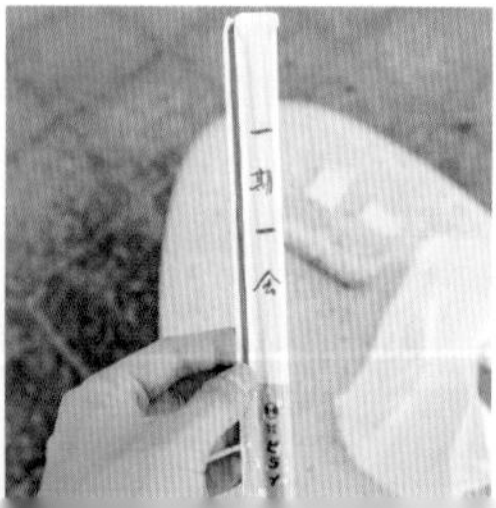

割り箸袋には「一期一会」とある。熊本でヒライに会えたのも一期一会

では熊本や九州において、ヒライはどんなお店でありたいか。

「食のライフラインとして、代わりのない会社です。努力し続けることが一番で、結果は善かれ悪しかれわからんし、一喜一憂しない。やり続ければ神様がほったらかさない。一生懸命やっておいしいもん、健康なもんを作って、地域の住民に喜ばれる会社が滅びるはずない。そうあり続けることが大事だね」

参考文献

- 『毎日新聞』地方版／熊本　2018年10月22日付
- 『読売新聞』西部朝刊　2017年7月2日付
- 『日本食糧新聞』2011年6月1日付、2016年8月4日付、2017年5月24日付
- 『熊本日日新聞』2016年10月12日付、2018年1月16日付
- 『食品新聞』2013年8月9日付、2015年8月10日付

滞在中に見た不思議な色の夕焼け。山ちゃんラーメンをみやげに熊本を去る

・『西日本新聞』２０１８年４月10日付
・『日食外食レストラン新聞』２０１２年12月３日付
・『くまもと経済』２０２１年１月号
・『ダイヤモンド・チェーンストア』２０１９年４月１日号、２０２０年９月１日号
・『モッちゃんＴＶ』（熊本県民テレビ）２０１８年４月24日
・株式会社ヒライ公式ホームページ
・おべんとうのヒライ公式ツイッターアカウント

COLUMN

本社に「お店をまるまる再現した」テストキッチン

おべんとうのヒライ

ロードサイド店舗を再現したテストキッチン。「券売機の注文から○分○秒で提供しよう」と数値目標も立てる

ヒライは商品開発にあたり、「実店舗と同じ厨房環境を本社に再現したテストキッチン」までも用意する。

さらにレジや券売機、食品を陳列する棚、店に貼るポスターに至るまで店舗を再現。現場に限りなく近い環境だからこそ、「実際に現場で作ったときに早くておいしいメニュー」を追求できる。そんな考えのもと、注文を受けてから商品の提供までのシミュレーションを繰り返す。

もともとは店舗とまったく同じレイアウトが採用されたさらに大がかりな設備だった。現在もお客さん役の社員と店員役の社員に分かれて、現場と同じ購入行動にもとづいた提供テストを行なう。

新メニューの開発に限らず、「うどんの最良のゆで時間」などもここで研究され、その成果は「○○秒でゆでるのがベストです」などと、各店にメールで送られる。

レジまわりも実店舗を再現し、会計も行なう

総括

ローカル飲食チェーン「12の強さ」

1．看板商品にホームランを打たせろ！

日本の広さと楽しさを存分に感じさせてくれた7店。そんな各店が心がけるのは、何よりも「**看板商品**」を押し出すことだ。

地元にも浸透しつつ、その知名度から全国へもリーチできる店の顔として扱われる。したがって、どの店も「4番バッターに全力でバットを振ってもらう」ためのお膳立てとして「選択と集中」を行なう。

たとえば「豚まん」がメインの551蓬莱は、無理にほかの商品を作らない。2008年のエビ焼売発売以降、13年間も新商品がない。商品点数を絞ることで、次々と売れていく豚まんの供給体制を十分に確保できる。

ぎょうざの満洲のホームランバッターといえば、タイトルチューンの餃子である。テイクアウトの生餃子だけでも全体の3割を売り上げる看板商品だから、卓上のタッチパネルで、操作していない時間に「餃子のおいしい調理法」「特売日は生餃子の日」なるプロモーション情報をどんどん見せ、印象づける。

さらに餃子オンリーの社内資格「餃子マスター」を設置して取得を推奨。餃子をうまく焼く技術と知識が問われる試験で、**取得者にはバッジが与えられ、顔写真付きの認定証が店内にでかでかと張り出される。**取得へのモチベーションとなり、結果的に店員が餃子を焼くレベルを上げられる。

ヒライのキラーコンテンツといえば、ちくわサラダだ。ノーマルのほか、多種多様な味を揃えてあらゆる客のニーズに応えるうえに、弁当にミニサイズを放り込むこともある。とくにスーパーに入るテナント型ショップでは、他店の弁当に目移りする状況で「ちくわサラダがあるからこの弁当にしよう」と、選ぶ決定打になる。

2.「近さ」が大きな武器

ローカルチェーンのわかりやすいアドバンテージは、近さだ。**本社も店も工場も、近くにあるから臨機応変に動ける。多くの場合は食材の産地も近い。**

さらに工場やセントラルキッチンから近い場所に店舗があるから、新鮮な状態でお客さんに届けられる。

たとえば551蓬莱は、豚まんの生地が発酵する時間から逆算して、工場からおよそ

150分以内の場所にしか店舗を置かない。ぎょうざの満洲も製品の鮮度を考えて、関東の店舗は埼玉の工場から自社トラックで90分以内に配達できる場所にある。

店舗同士の距離が近ければ、在庫調整もやりやすい。たとえばおにぎりの桃太郎の店舗は四日市界隈に集中するため、各店のおにぎりの在庫を回して廃棄ロスを減らせる。**ものを移動させる距離が短いから、輸送費も低く抑えられる。**カレーショップインデアンはなんと言っても、日本最大級の食料基地である十勝平野のおひざ元という地の利を活かして、ジャガイモ、玉ネギなど大量に採れる農作物を惜しげもなく使えるのだ。

さらに、桃太郎やインデアンのように狭い地域に集中出店すれば、その地域の住民にとって「とにかく近くにある店」として認識され、強い来店動機になる。生涯の伴侶になるのはだいたい、いつもそばにいた人であるように。

3. 外食・中食・みやげ物。買ってもらえる**チャンス**を**増やす**

周りにお店が少ない郊外に店舗を構える場合、あらゆる購入ニーズに応えるのが効果的だ。イートイン、テイクアウト、イートイン後のおみやげ品など「**あそこへ行けば何でもそろう**」からお客さんが集まる。

今回紹介した7つの店は、「イートインだけ」「テイクアウトだけ」などあまり一つの業態に絞らない。

たとえばヒライのロードサイド店舗は、外食・中食・コンビニの3業種に加え、スーパーでのテナント販売とあらゆる方向から商品を売れるようにする。

ぎょうざの満洲はレジ横の冷蔵庫にある持ち帰り商品の売り上げが全体の4割まで達するし、インデアンは鍋でカレーをテイクアウトする習慣を十勝に定着させた。

ばんどう太郎には、レジ前に広めのみやげもののコーナーがある。「**観光地のおみやげコーナー**」のようなつい散策したくなるレイアウトに、高級品や手ごろに買える商品が並ぶ。会計を待っている家族が、「お父さん、これも」と言い出しそうな、罪つくりな一角である。

コロナ禍では「テイクアウトやおみやげ品に助けられた店」が多かった。複数の業態をもてば不測の事態にまで対応できるし、平時ならば一石二鳥、三鳥もねらえる。

4．オシャレすぎないから入りやすい

福田パンの福田潔社長はこう語っていた。

「地方でオシャレすぎるのは、あまりよくないと思います。普段の生活に根差した雰囲気のほうが長続きするし、利用しやすいはずです」

人口が少ない町で店を営むには、気軽に入りやすい雰囲気が大事だ。ローカルチェーンは新規客があまり見込めないため、銀座のショップのように客の来店頻度が少なければ、商売が成り立たない。**固定客の来店頻度を高めて、トータルの客単価を引き上げる**のがセオリーだ。

「オシャレすぎないほうがいい」はほかにも。たとえばヒライのロードサイド店は、原色でかわいい字体の目立つ看板を建てる。車社会の地方では、遠くからひと目でわかる視認性が来店を促す。

さらにおにぎりの桃太郎の上田社長はこうも語る。

「オシャレなおにぎり屋は長続きした試しがない。どことなく田舎の香りがする、古くからの日本の食文化がおにぎりなので。（四日市は）オシャレなだけの街じゃないから、桃太郎は生きられました」

そもそもあの桃太郎人形がオシャレとは対極の存在だ。客として入るときに、「身構えずに入りなさい」とでもいうようなサインを受け取れる。オシャレすぎないからこそくつろげるし、**地元民もネタにしやすい。**

5．全国チェーンとは「戦わない」？

ローカルチェーンにとって、永遠の課題が全国チェーンとの戦いだ。たとえば回転寿司の世界もローカルチェーンがスシロー、くら寿司らの猛攻を受けており、最近は東京の老舗ローカルチェーンが閉店するケースも見かける。

かつてヒライは大手コンビニに真っ向勝負を挑み、競合する**コンビニを撃退した店舗**

へ多額な報奨金を授与していた。

「10年ぐらいやりましたね。でも最近の大手コンビニは、売り上げが落ちると、戦略的にすぐ移転するようになりました。近い将来交通の便がよくなる道のそばとかに」

ヒライの影響で撤退したという確信がもてなくなったため、報奨金制度はなくなった。そこからヒライは全国チェーンに対しての戦略を、「**相手を見て変わるより、自分がどう変わらざるをえないか**」と考え直した。

そこで、これからの消費者が必要になるものを提供する方針を定める。進む高齢化や、相次ぐ災害に見舞われた熊本の経験から、日持ちが利き買い物の回数が少なくとも済む商品に目を向けた。その答えが手の込んだ冷凍弁当や、保存の利くパウチ惣菜なのだ。

おにぎりの桃太郎もこう考える。「コンビニの台頭で多少の影響はありましたが、そもそも客層が違うんです」。

だから**価格競争よりも、適正価格でいいものを出すほうに注力する。**「うちのお客さんはいいものなら買ってくれる」という信頼からコンビニより高いおにぎりを作り、客に「桃太郎ならいいものを食べられる」と確信してもらう。

全国チェーンとぶつからない売り方は、CoCo壱番屋に対してのカレーショップインデアン・藤森裕康社長の話しぶりにもうかがえた。「私もココイチのカレーは好き」と語りながら、「お互い強みがありますから」と、あくまで違うよさがあることを強調する。

6. 地元スポーツチームをちゃんと応援する意味

ローカルチェーンに目立ったのは、**地元の象徴であるスポーツチームへの協力を惜しまない企業だ。**

たとえば福田パンは、サッカーJ3リーグ「いわてグルージャ盛岡」のユニフォーム胸スポンサーであり、コラボした「紫波さびバーガー」も期間限定で販売する。

ヒライは同じくJ3リーグのロアッソ熊本を応援しており、スタジアムグルメにも出店。リーズナブルな「ロアッソ特製弁当（600円）」など、熊本産の馬肉コロッケ、ちくわサラダなど数々のメニューをラインナップする。

卓球のTリーグに参戦するT・T彩たまにはぎょうざの満洲が協賛し、双方のSNSを通して関係性が盛り上がる。おにぎりの桃太郎は女子ラグビーのパールズを応援し、選手におにぎりを提供して食からサポートする体制だ。

ばんどう太郎はつくばFCのユニフォームパートナーで、Jリーグ入りをめざす茨城県社会人リーグ1部の境トリニタスの胸スポンサー。しっかりバックアップする。

かくいう筆者もかつてJリーグ・柏レイソルのサポーターだった。「地元の名前を大声で叫ぶ」「地元チームの浮沈に一喜一憂する」という非日常的な体験を通して、地元への愛着が確実に高まる。そこに**地元企業の名前を冠した看板があれば、つい好感を抱いてしまう。**

さらに、卓球Tリーグ・T・T彩たまのサポーターがぎょうざの満洲へ通い詰めるように、**スポーツサポーターらはスポンサーの商品を積極的に購入する文化がある**から、お金で恩返しもしてくれる。とくにJリーグでは顕著で、柏レイソルファンには「何でも親会社・日立製作所の製品で揃える」人もいたくらいだ。

地元スポーツチームとローカルチェーンは、方向性がピッタリなのだ。

7．フットワークの軽い二世社長

今回ローカルチェーンを取材して思ったのが、二世社長が多いことだ。なんと7店全員の社長が二世～四世である。

その善しあしはさておき、彼らに抱いていた「バブリーなイメージ」は、取材を経てほぼ消えた。

先代が築いた地盤を守りつつ、古いまま変わっていない部分を変えていく。しかもおおむね、実の親という会長が存在している状態でだ。聞いただけで胃が痛くなりそうなシチュエーションのなかで、鍛えられるものがあるのだろう。

彼らはフットワークが軽い。社長自ら話を聞かせてくれて、さらには社長直々に電話やメールに応対してくれるケースもある。ヒライの平井社長は取材前日から何かと気を配ってくれたし、福田パンの福田社長にいたっては、自らの運転で盛岡駅まで送ってくれた。

社長自身が、会社の先頭で「いち営業マン」のように活躍していた。

8．コロナを吹き飛ばした「毎日特売日」

とにかく2020〜2021年の飲食店の動向を語るうえで、新型コロナウイルスとの戦いは避けて通れない。筆者も含め、今回取材したなかの誰もが「予想できなかった」と語る未曾有《みぞう》の事態だった。

感染がとくに蔓延していた東京と比べて、地方は比較的影響を免れたところが多く、すでに例年並みの売り上げに戻ったところもある。

しかし2020年4〜5月にかけて全国的に発出された緊急事態宣言は、とりわけ影響が大きかった。当時感染者がいなかった岩手県ですら、福田パンはかき入れ時のゴールデンウィークに異例の10連休を取る。ほかの店もイベントや観光がなくなり、イートインも影響を受けた。

そんななかでも、コロナ禍をうまく乗り切ったのがぎょうざの満洲だ。もともと売り上げ全体の3割も占めていた持ち帰り用の生餃子だが、2020年4〜5月は「**毎日特**

売日」なるイベントを敢行。通常320円＋税の生餃子が255円＋税で販売された（当時の価格）。

売れに売れて、製造数は対前年比140％と過去最高を更新する。コロナ禍で手の空いた部署の応援により、テイクアウトの売り上げが半分を超えて苦境をしのいだ。

コロナを改革のチャンスと捉えたのがヒライである。生産や営業部門らの余剰人員で、クリーニングや野菜加工などの外注していた部分を**内製化**。4月の約1億円の赤字から、5月には早くも5000万円ほどの黒字にV字回復するのと同時に、より自前で済ませられる体制を作り上げた。

最もローカルチェーンらしいやり方で地域を盛り上げたのがおにぎりの桃太郎だ。緊急事態宣言が明けた2020年6月、協賛する地元の女子ラグビーチーム・パールズの選手たちを売り子にして「**頑張ろう唐揚げ（160円）**」を発売。通常は2個、たまにラッキーで3個入っている珍しい作りで、コロナ禍の四日市に活気を与えた。

ほかにも、コロナ禍の混雑時は密にならないよう、外でパンを待つ福田パンのお客さんたちが印象深い。「地元の宝を台無しにさせない」結束が伝わるエピソードだ。

9．全国チェーンにならない理由

ずっと気になっていたことがある。

「なぜ全国チェーンにならないのか」だ。

551蓬萊は、まず生地の品質のために工場から150分以内に店を出す方針である。さらに本部としてあらゆる要素を管理できるのは約60店舗ほどと考えるため、商圏のサイズは「関西のみでちょうどいい」としている。

ヒライは地の利から「地元で出店したほうが効率的」として、九州に集中して店を出すドミナント戦略を徹底。

もとより東京進出を考えるばんどう太郎の青谷洋治会長ですらこう語り、念には念を入れる。

「違う県に入るのはすごく慎重に。東京は海外へ行くより大変だってくらいに考えないと、入っちゃいかんと思います」

いずれもチェーンの方向性を読み取れるコメントだが、福田パンの福田社長が語った

「そこに行かなきゃ味わえないほうが価値はある」は、ローカルチェーンである理由としてしっくりくるフレーズだ。

そして、すべての店が四日市界隈にあるおにぎりの桃太郎。「地元を裏切りたくない」という上田社長の言葉は、ダイレクトに響く。

地元を出るか、出ないか。ローカルチェーンのトップたちは、揺れる二択のなかで地元に残る価値を見いだしている。

10．知るとトクする「裏ワザ」

ローカルチェーンには、地元民しかなかなか知りえないおトクな「裏ワザ」がある。

うれしいのが、まず福田パンだ。直営店の対面販売だと、「ついつい入れるクリームが規定量をオーバーする」と言うように、中身が明らかに多くなる。さらに**＋10円でクリームの量が1・5倍近くにまで増える。**

おにぎりの桃太郎は17時を過ぎたら、160円以下のおにぎりが110円均一に。161円以上のものが155円均一となる。保存料なしで、消費期限が本日限りゆえのサービスだ。カレーショップインデアンは大量に注文すれば配達してくれるし、子どものイベントなら割引もする。

551蓬莱では「超名人」の証である金バッジの店員を見つければ、ひときわうまい豚まんや焼きそばが食べられるし、いい接客を受けられる。

ばんどう太郎にいたっては、**9歳までの子どもが誕生日の前後1週間に行くと、おたんじょうびセット（1529円）が無料でもらえる。**寿司や海老フライにうどん、ケーキまで盛りだくさんなので、お子さん連れはここぞとばかりに行くといい。

11．それでも行けない人のためのネットショップ

行きたい、食べたい。それでも紹介したローカルチェーンのもとへ旅立てない人のために朗報がある。いくつかの店では通信販売などで遠隔地から買えるのだ。

551蓬莱とぎょうざの満洲にはしっかりとしたネットショップがあるし、ばんどう太郎もテレビCMまで打って、本気でネット販売へ乗り出した。

だが、ここからは入手が困難になる。ヒライは、社員の山瀬浩敬さんが生んだ「山ち

やんラーメン」のみネット販売での全国配送を行なっている状況だ。

福田パンは、東京・銀座にある岩手県のアンテナショップ「いわて銀河プラザ」で、毎月第3金曜日はパンの日と称して、ほかの岩手ご当地パンとともに販売されている（2021年6月現在）。

しかしカレーショップインデアンと、おにぎりの桃太郎は、地元以外で食べる方法はいまのところ存在しない。ある種「究極のローカルチェーン」ともいうべき存在で、これはこれで是が非でも現地に行って食べたくなる気持ちをかき立てる。

このほか、**百貨店の催事などでも出合えるチャンスはある**ので、めざとくチェックしてほしい。

12．ローカルチェーンは……楽しい

最後にローカルチェーンの魅力をひと言で表したい。「**楽しい**」に尽きるのだ。そこにしかない、行かなければ会えない。だから心惹かれる。

げんこつハンバーグで知られる「さわやか」（静岡）に初来店したときはあのジュージ

ューをついに体験できて心躍ったし、福田パンで初めてあんバターを塗ってもらった興奮は忘れない。

そして地元にいる人は、地元にしかない存在がうれしいはずだ。

筆者も地元チェーン・珍來の手打ちラーメンとジャンボ餃子を、いつでも帰省して食べたくなる。久しぶりに来店して目新しいメニューがあると注文したくなるし、値上げしていても「とうとうお前も……」と、浦島太郎気分に浸れる。

もし、この世からローカルチェーンがゼロになったときの全国の街道を想像してみよう。とてつもなく無味無臭で、旅する気持ちもへなへなと萎《な》えてしまうかもしれない。

ローカルチェーンは「楽しい」こそが最大の武器だ。

だから残ってほしくなるし、まるで地元の野球チームを応援するような気持ちが、ローカルチェーンにも乗り移る。

なぜ最後に残された大きなローカルコンビニチェーンが**セイコーマート**なのか。それは、ブランド総合研究所の「都道府県『愛着度』ランキング２０２０」で1位だった北海道にあることも、決して偶然ではない。

おわりに

ひとつの夢をかなえてくれた本だった。

「秘密のケンミンSHOW」などの仕事を通して地方に興味を抱いた。ライターの仕事がメインになり、知識や経験を活かして全国各地へ行く機会を増やせると思っていた。しかし、主に執筆するインターネット媒体は、予算がなくてなかなか経費が出ない。原稿料はなんとか生きていける程度だから、自腹を切るのも難しい。たまに夜行バスで大阪や三重、新潟に行けるくらいだった。

それはそれで感謝しているが、本書の取材では遠隔地にも足を運べて本当にうれしい。あとに待っていたのは地獄のスケジュールだったが、各地を回っていた時間は本当に楽しかった。コロナ禍での執筆中、取材時のように日本中をもう一度旅する日を頭に浮かべるのが、生きる糧になった。

ただし基本的に人生はしんどいものだ。つらく、苦しい出来事に精神はゆらぎ、ときに命までおびやかされる。筆者も人身事故のニュースに同情するくらいには、何度も追い詰められた。

そんなときにどうにか気持ちを整えてくれるのが食べ物だった。

お店に入り、好きなものを注文して、運ばれるまでの時間。食べている至福の時間。食べ終わったあとに安らぐ時間、そのときだけは、山積みになった人生の苦しみを忘れられた。

そんな「ちょっと大切な場所」を作ってくれるのが飲食店であり、各地にあるローカルチェーンであるはずなのだ。食が人を支えてくれるシーンはたぶん、そこで何度も繰り返されてきた。

「人生の一番苦しいときを支えてもらったのが福田パン」

という言葉は決して大げさではない。

日本は狭く見えるが、ひとりの人が一生かかっても味わい尽くせない程度には、あまりにも広い。地理的な問題などによって、日本は国土のわりに地域性が高いというが、そんな日本を味わうチャンスはローカルチェーンに詰まっている。

今回取り上げられなかったチェーンたちも魅力満載だ。店舗数1桁の小さなチェーンも含めれば、日本にローカルチェーンは無数に存在する。ほとんどネットに情報がないような、ミニローカルチェーンを求めてさまよう旅があってていいかもしれない。

頭をよぎるのは「ローカル個人商店」の存在だ。コロナ禍でさらに経営は窮地へ追い込まれた。チェーンが輝くのも個人商店あってこそだから、どうか生き抜いて、ローカルチェーンが背負いきれないものをもち続けてほしい。

地元愛に触れる旅を終え、筆者は育った街に郷土愛をもてているかを考えた。千葉県松戸市で一番東側にある「六実《むつみ》」。特筆すべきところがなかなか見つからないふるさとだ。東京に通う人が住むベッドタウンのためか、住民の郷土意識は薄い。地元を語れば自虐トークばかり。それでいて東京へ出るのに若干時間がかかるせいか、街は寂れ気味だ。

しかし本書の作業のおかげで、子どものころから何度も出前寿司を食べた「はな膳」が、千葉のローカルチェーンだと初めて知った。それまでさしたる地域性がないと思っていた、育った街のおもしろいところをもっと探したくなった。

ローカルチェーンの存在は、地元にいると意外と気づかない。ふるさとを離れたとき、初めてそうとわかる店もある。

心当たりのある店があれば、調べてみてほしい。「かつて通った店がローカルチェーンだった」はうれしい驚きになる。

長らくコロナ禍で思うように本作りが進まないところも多々あり、少し絶望するときもあったが、なんとか一冊の形にできた。話を聞いた7社をはじめ、すべての協力者の方に感謝したい。

今日も頑張って営業を続けるローカルチェーンは、日本の奥行きを広げてくれる。そしてどこかの誰かの苦しみを溶かし、ささやかな喜びを味わえる存在だ。ぜひ行って食べて、存分に楽しもう。

２０２１年７月　辰井裕紀

辰井裕紀（たつい・ゆうき）
1981年、千葉県生まれ。ライター、番組リサーチャー。元放送作家。過去に「秘密のケンミンSHOW」（日本テレビ系）のリサーチを7年務め、その他も携わった番組は多数。現在は「卓球ジャパン!」（BSテレ東）を担当する。2016年からライター業を始める。「ジモコロ」「メシ通」「デイリーポータルZ」「ねとらぼ」「マイネ王」「みんなのごはん」「文春オンライン」「SPA!」「SUUMOジャーナル」など、主にネット媒体で執筆。外食やローカル、卓球、調べ物系のネタを中心に書く。デイリーポータルZ新人賞2017で優秀賞受賞。過去にハガキ職人として1000回以上ネタを採用される。5～30歳ごろまで毎日牛乳を約1リットル飲んでいた。

●「辰井裕紀のブログ」https://pega3.hateblo.jp/

PHP
Business Shinsho

PHPビジネス新書 428

強くてうまい！ ローカル飲食チェーン

2021年8月31日　第1版第1刷発行

著者　辰井裕紀
発行者　後藤淳一
発行所　株式会社PHP研究所
東京本部　〒135-8137　江東区豊洲5-6-52
第二制作部　☎03-3520-9619（編集）
普及部　☎03-3520-9630（販売）
京都本部　〒601-8411　京都市南区西九条北ノ内町11
PHP INTERFACE　https://www.php.co.jp/
装幀　細山田デザイン事務所
齋藤　稔（株式会社ジーラム）
組版　桜井勝志（アミークス）
編集　大隅　元（PHP研究所）
印刷所　株式会社光邦
製本所　東京美術紙工協業組合

ISBN978-4-569-84982-9

「ＰＨＰビジネス新書」発刊にあたって

わからないことがあったら「インターネット」で何でも一発で調べられる時代。本という形でビジネスの知識を提供することに何の意味があるのか……その一つの答えとして「**血の通った実務書**」というコンセプトを提案させていただくのが本シリーズです。

経営知識やスキルといった、誰が語っても同じに思えるものでも、ビジネス界の第一線で活躍する人の語る言葉には、独特の迫力があります。そんな、「**現場を知る人が本音で語る**」知識を、ビジネスのあらゆる分野においてご提供していきたいと思っております。

本シリーズのシンボルマークは、理屈よりも実用性を重んじた古代ローマ人のイメージです。彼らが残した知識のように、本書の内容が永きにわたって皆様のビジネスのお役に立ち続けることを願っております。

二〇〇六年四月

ＰＨＰ研究所